U0932087

香港神學院

當代教會課題研討

當金錢遇上主人

金融危機下的信仰反思

鄧瑞強、趙崇明 合編

▼

香港神學院．當代教會課題研討

當金錢遇上主人

金融危機下的信仰反思

Whose Money?

Theological Thoughts on Money in Financial Crisis

合編
鄧瑞強、趙崇明

執行編輯
梁冠霆

裝幀設計
奇文雲海．設計顧問

■

聯合出版

香港神學院	基道出版社
香港九龍塘	香港沙田火炭坳背灣街26號
金巴倫道17號	富騰工業中心1011室
BIBLE SEMINARY OF HONG KONG	LOGOS PUBLISHERS
17 Cumberland Road,	Unit 1011, Fo Tan Ind. Centre, 26 Au Pui Wan St.,
Kowloon Tong, Hong Kong	Shatin, Hong Kong
電話：(852) 2336-0088　傳真：(852) 2338-9908	電話：(852) 2687-0331　傳真：(852) 2687-0281
網址：http://www.bshk.edu.hk	網址：http://www.logos.com.hk

發行
基道出版社

承印
海洋印務有限公司

●

3/2009 初版
Cat. No. LP921
ISBN: 978-962-457-372-5

Printed in Hong Kong

刷次	10	9	8	7	6	5	4	3	2	1
年份	2018	2017	2016	2015	2014	2013	2012	2011	2010	2009

編者序

鄧瑞強

岩士唐（Louis Armstrong）有首名曲，叫《何等奇妙的世界》（*What A Wonderful World*）。歌詞首段說：「我看見綠樹和紅玫瑰，我見它們為我和你而綻放。我心想：這是多麼奇妙的世界啊！」的確，這是一個奇妙的世界。

但若岩士唐不是看見綠樹和紅玫瑰，而是看見紅紅綠綠的鈔票時，他必會更因這「金錢世界」的奇妙而目瞪口呆。在這「金錢世界」裏，有人不用實質工作而單靠買賣金融產品而成億萬富豪（他一個交易賺的可能等於一個小國全國的全年收入）；美國第四大投資銀行會瞬間破產；有人專心工作、正常生活，卻因買了屋而成為負資產人士，繼而破產；有人單單因住在冰島而成為了破產者；今日（二〇〇九年一月七日）美國的財長竟說，全球金融危機是由中國的高儲蓄率造成的；諸如此類，這些事件或言論，都是超乎常理的。金錢的來和去，就像魔術師的戲法一樣，忽然變出來，忽然變走了。而我們，無論多平凡，皆被牽進這戲法的舞台上，等著看發生在自己身上的事。你看，「金錢世界」，多麼奇妙的一個世界。

本文集就是從基督信仰的不同角度，去討論這個奇妙的「金錢世界」裏的主角：「金錢」。

一「你們不可能同時作上帝的僕人，又作金錢的奴隸。」

很多時，我們認為金錢只是一種中性的工具。金錢固然是工具，但工具不一定是中性的。舉個例子説，「語言」是表達意義的「工具」，但是，這不是中性的工具，因為每一種語言都有其獨特的建構意義的方式。傳播學大師麥克魯漢（Marshall McLuhan）指出：「媒介就是信息」。[1] 媒介這種傳播「工具」絕不是中性的，它塑造了信息。

主耶穌説：「你們不可能同時作上帝的僕人，又作金錢的奴隸。」（太六 24，《現代中文譯本》，以下簡稱《現中》）就這句話而言，金錢看來不是中性的，金錢和上帝勢成水火。似乎，人要在「上帝」和「金錢」中二擇其一。在這裏，「金錢」不是一普通工具，而是一建構人生的意義框架，一種具有「主宰性」的東西。這有點像海德格（Martin Heidegger）講的「科技」，它不是一「純粹的工具」，「科技是一種揭露的方式」。[2] 它主宰了人理解事實真相的方式。金錢對於人，有這種主宰性的「魔力」。

本文集的第一部分，就是討論金錢這種對生命的主宰力。在這裏提到，破解它的主宰力，就是走向它的反面：「貧窮」。主説：「你們貧窮的人有福了！因為上帝的國是你們的。」（路六 20）在貧窮中享受富足，這是「信仰世界」的奇妙。

二「不可強索金錢，不可敲詐；要以所得的糧餉為足。」

我們固然不得不留心金錢的主宰力，但回到現實，我們不能一日無錢。我們也不能在「金錢世界」裏過一種沒有金錢的生活。正如我們知道人性的邪惡，但我們總不能放下人性而過一種無人性的生活一樣。

聖經以務實的觀點對待人的生活。錢帶給人快樂，聖經予以肯定；但聖經也不忘提醒人，小心墮入金錢的邪惡之網中。司馬光在〈訓儉示康〉篇說：「君子寡欲，則不役於物，可以直道而行。」聖經的務實智慧也是叫人「寡欲」、「知足」、「感恩」、「不役於金錢」，從而以自由的生命「直道而行」。

曾經，有兵丁問施洗約翰：「我們當做甚麼呢？」施洗約翰回答：「不可強索金錢，不可敲詐；要以所得的糧餉為足。」（路三 14，《現中》）「不強索」、「不敲詐」、以本有的「為足」，就是「寡欲」、「知足」、「不役於金錢」。如此這般，才能得享今生的生命和來生的生命。施洗約翰的回答很務實：不是完全放棄金錢，但也不能貪多無厭。

本文集的第二部分，就是看看聖經在金錢事上的務實智慧。明白聖經，按聖經而行，人就能在金錢的鋼線上行走。

三「把這些東西搬走，不要把我父親的聖殿當作市場！」

金錢在現代資本主義制度裏展現其令人迷惑的魔力。時間，曾經是神聖的。日曆上標示著春秋二祭的時刻，教堂的鐘聲提示人崇拜的時刻。但在資本主義社會裏，「時間就是金錢」，時間只能是用金錢來理解的。空間，曾經是神聖的。踏入聖地，摩西也要將鞋脫下來。但在資本主義社會裏，我們會按經濟效益製造我們的聖地，即那些創造財富的地方。資本主義制度將時空「金錢化」。

當時間和空間不再揭露神聖時，就像地裏的井沒有了活水，人心就枯乾了。時間和空間，原是人尋索神聖的處所，但現在人看不見神聖，只看到金錢，何其失落！就像人想回家，但竟看不見家，何其失落！然而，令人感到悲哀的，是人很多時已習慣了看不見家，也就不再想家，以流浪為常。資本主義令人以金錢來衡量一切，以此為常態，在此，人忘記了神聖的維度，忘記了回家，何等可悲。

在耶路撒冷的聖殿裏，主耶穌「拿繩子做了一條鞭子，把牛羊從聖殿裏都趕出去，把兌換銀錢的桌子推倒，錢幣滾落一地。」他又對賣鴿子的人說：「把這些東西搬走，不要把我父親的聖殿當作市場！」（約二 15～16，《現中》）主耶穌反抗市場的力量，回復神聖的地方應有的神聖。

本文集的第三部分，就是討論信仰裏的時間和空間，對比資本主義制度下的時間和空間，從而希望回復時間和空間的神聖性，也即是說，讓人能在大地上，藉神聖的生活，使上帝變得可見。

四「因為那已經有的，要給他更多，讓他豐富有餘；而那沒有的，連他所有的一點點也要奪走。」

主耶穌講論天國時，講了一個與錢財有關的比喻（太二十五 14～30）。三個僕人領受不同數額的錢財，主人要看看他們如何運用。能否進入天國，難道和如何管理金錢有關？在這比喻中，主耶穌說：「因為那已經有的，要給他更多，讓他豐富有餘；而那沒有的，連他所有的一點點也要奪走。」（太二十五 29，《現中》）看來，善用金錢能有今生和來世的福樂！

管理金錢，若和進入天國扯上關係，則不能不加倍留心了。本文集的第四部分，就是討論如何管理金錢。好好管理金錢，即能好好管理自己，即能行在天國之道中。

香港人說：「講錢失感情」，但願我們與你講「錢」，不但不會失了感情，反增加我們的感情。是為序。

二〇〇九年一月七日
寫於香港神學院

註 釋：

1. Marshall McLuhan and Quentin Fiore, *The Medium is the Massage* (New York: Simon & Schuster, 1989).
2. Martin Heidegger, *The Question Concerning Technology and Other Essays*, trans. William Lovitt (New York: Harper & Row, 1977), 12.

目錄

金錢・成就——金錢世界中的倫理和逆向思考

1

金錢與倫理

鄧瑞強

主耶穌說：「一個人不能事奉兩個主；不是惡這個、愛那個，就是重這個、輕那個。你們不能又事奉上帝，又事奉瑪門。」（太六 24）

面對這句話，「基督教神學大多數試圖隱去金錢發揮其社會意義時引起的種種不安，而將耶穌的信息內在化，將之變成：貪愛金錢而不是金錢本身，才是萬惡之根（提前六10）。」[1] 將主耶穌論金錢的信息僅內在化為一種貪戀金錢的心理狀態，會否只將信仰「心理化」，而忽略了祂同時要指出的關於金錢本身的事實真相？貪戀金錢固然有害生命，但主耶穌既說上帝和金錢勢不兩立，則金錢「本身」是否有一種敵對上帝的力量？若是，則金錢本身這種敵對上帝的力量到底具有甚麼樣的性質？

我們生活的社會，是一個金錢社會，這「不單單是因為其經濟交易建基於金錢，也不單單因為其方方面面受金錢影響，而是因為現代精神在金錢中找到最完美的表達。」[2] 金錢不單單是一般意義下的工具，它更是現代社會精神及文化的深層基礎。正如西美爾（Georg Simmel）說：金錢這工具，「不僅被我們**操縱**使用（operate upon），而且還與我們**協同**行動（operate with），就像我們以自己的手來行動一樣。」[3] 如此，金錢已不是一般的工具，而是「現代生活的語法形式」。[4]

日常的言語是多姿多采的，但其背後的語法卻是同一的。有人看來，現代生活表面上雖是色彩繽紛的，但背後卻是同一的「生活語法」：金錢。金錢這建構一切的力量，正正是主耶穌的說話要針對的力量。神學家以祿（Jacques Ellul）指出：「耶穌揭示金錢是一種勢力。……這勢力自行運作，……有自己的規律，是主動行動者。這是它的第一個特徵。其次，這勢力有精神內容。……它有精神的意義和方向。勢力永不是中性的。它有取向。它也改變人的取向。最後，勢力多多少少是位格的。……金錢是一種勢力不是因為人利用它。……在這一切**之前**，它已是一種勢力。它外在的標記只是這勢力的外顯，這勢力具有或宣稱具有它自身的實在。」[5] 金錢這勢力，在現代社會，已不單單是一經濟工具，它還建構起「一種道德價值及一種倫理標準」。[6] 主耶穌的說話，是否就是要揭露金錢這建構並塑造著社會文化及人類生活的勢力的真面目？看來，「他的〔審判〕目標，不是對財富的主觀享用，而是作為勢力或判斷的原則的財富〔本身〕。」[7]

將金錢作為一「文化現象」，對之作現象學式的描述，並詳細考究其對現代生活的影響的，首推西美爾的《金錢哲學》（*The Philosophy of Money*）。[8] 這本書描述性地表述金錢在現代社會中實際發揮的影響力。西美爾著眼的，不是金錢在經濟意義上的影響力，而是在哲學、文化、社會心理意義上的影響力。本文主要是就著西美爾在《金錢哲學》一書中的見解，點出金錢的勢力的特質，對這勢力的倫理[9]含意作一論述，並對此作一些基督教信仰的反省及回應。

一 交換價值取代了實質價值

金錢之用，在於它作為交易的中介物。金錢表達出物件之間的「經濟價值的關係」。[10] 金錢這中介物的使用愈成功，人就愈容易從交換價值看事物。物件本身是不可分的，但金錢是可分的，幣值有多細，可分的程度就有多細，這樣，物件之間的價值關係就被精確地釐定了。如：雞、馬、牛，本身很難比較，一頭牛等於多少匹馬、多少隻雞呢？但以金錢作為交易的中介後，我們就能掌握三者的價值的精確比例了。

「金錢是一種可分的交易中介，其單位相稱於每一不可分的物件的價值。這樣它就促成了或者甚至假定了抽象價值從它特殊具體的物件中分離出來。不可分的物件，在交易中，要看出它們作為經濟物件的相對〔價值〕關係是困難的，因為它們各自擁有自足的價值（autonomous value）。透過將它們約化到一種價值的公分母（common denominator of value），則這困難便可解決。金錢就是這價值的公分母的最卓著形式。」[11]

有了金錢這價值的公分母，則我們不用考慮牛之為牛的價值，或馬之為馬的價值了，在金錢化的交易中，我們將牛和馬轉化為公用的金錢價值，而這金錢價值展示出兩者的交換價值。在實物交易裏，是「價值」的交換；在金錢交易裏，是「交換」的價值。[12] 這一轉變非同小可。「若物件的經濟價值由它們在交易中的相互關係構成，則金錢就是這關係的自足的表達（autonomous expression）。金錢乃抽象價值的代表。……金錢是經濟物件中共通的東西，用經院哲學的語言來說，人可稱之為**在事物前、在事物中、在事物後的共相**（*universale ante rem, or in re, or post rem*）。」[13] 金錢變成了物件背後的「價值共相」，具體物件只是這「共相」下的「個別存有」。價值的歸依不在「個別存有」那裏，而在價值「共相」那裏。金錢奪取了各個別物件的「內在價值」。

藉金錢為中介作交易，金錢變成一種價值的「共相」，架構起事物之間的價值關係。「……金錢自身獲得了一種價值，藉著它，不但建立起所有種類的具體價值的關係，也能在排除一切有形物件的、金錢的自身領域裏，顯示出不同量值的價值的關係。」[14] 當馬和牛在金錢交易中被訂價後，馬和牛的本身可以隱退了，其本身的價值也消失了，金錢的訂價本身可以獨立地比較和運算，「金錢的意義取代了事物的意義」。[15]

當事物本然的價值被交易價值（即金錢價值）取代後，「它們自身客觀的意義就遠離我們的意識了，……我們看不見它們的〔價值〕本質，我們與它們完整的、獨特的存在的內在接觸瓦解了」。[16] 此後，人不用與物直接接觸，只透過金錢這中介去接觸。金錢成為人和物的「中保」（mediator）。「物件沒有了價錢牌，我如何知道別人的評價和我的評價一致？」[17] 其後果是，「金錢價值的客觀評價取代了我們對物件、貨品、服務的主觀欣賞，在這過程中，我們時常貶視了它們。」[18]

我們活著，是與世物直接打交道的，若我們只看見它們的金錢價值而看不見它們的本然價值時，與世物打交道的生活過程便毫無意義可言。「人們愈來愈迅速地同事物中那些經濟上無法表達的特別意義擦肩而過。對此的報應似乎就是產生了那些沉悶的、十分現代的感受：生活的核心和意義總是一再從我們手邊滑落。」[19]

金錢的勢力將事物的實質價值轉化為交換價值。當身邊一切東西的實質價值被忽視時，我們還能體會到生活的樂趣嗎？

二 純粹的工具代替了真實的目的

當我拿著一把剪刀時，我是要用它去剪東西，剪刀這工具有其特定目的。但當我拿著一筆錢時，我是要用它來做甚麼呢？基本上，我可以用它來達成眾多完全不同的目的，金錢這工具，沒有特定的目的。

「純粹形式的金錢是一絕對的手段。……它沒有自己特定的目的，卻能在一系列的目的中，無偏私地發揮著中介的功能。」[20] 人活在世，在不同時間，追求不同的目的。要達致這些目的，需要不同的手段。但金錢這「最純粹的手段」，雖則它本身沒有特定目的，卻能為人生一系列的眾多目的服務。金錢這利害的功能，使人產生一種想法，擁有它即等於擁有眾多手段，單單擁有它即能實現眾多目的。若單一手段即能發揮眾多手段的功能及達成不同的目的，人還會花時間去學習不同的手段及追求不同的目的嗎？如此，「貨幣本來是一種獲得其他東西的**純粹手段**，是『通向最後目標的一系列步驟中的一個環節』，在現代生活中卻成了人的**目的意識**本身。」[21] 金錢不再只是工具，現在，它成了目的本身。

「金錢是最純粹的工具（the purest form of the tool）。它是一種制度，藉這制度，個人可以把他的活動及擁有物集中起來，以便達到他不能直接達到的目的。」[22] 若一物件被訂價為一百元，我手頭若有十元，我雖然不能即時擁有它（在這裏我們不考慮信貸制度這種金錢運用的更先進的形式），卻能在心裏多少認為我已擁有了它的十分之一。沒有金錢這工具，這種在現在便握有實現將來的某目標的情況便不可能。手握著金錢，讓人感到握著了將來能買回來的某種東西。「憑借金錢這種手段可以獲得數不勝數的其他東西，就使人們產生了這樣的幻想，好像我們比以往更容易獲得所有這些東西。……點燃我們最大的渴望和激情的並非遙不可及和禁止我們涉足的東西，而是我們暫時沒有擁有的東西。」[23] 當現在能以金錢的形式握有未來時，未來的無數目的會集中其力量，要求我們在此刻擁有更多金錢，好使這些目的實現。金錢本身，有這種魔力，吸引我們更多地擁有它，因為擁有了它，我們以某種確實的形式擁有了將來。

人生的不同目標，本來是不會時時刻刻地成為我們當前的目標的。以結婚為例吧，我們只有在人生的某階段才將之作為當前的目標。在其他時段，我們不會受這目標的催迫。但是金錢作為「純粹的手段」，它能實現未來的不同目標，而它的一個特點是它能成為人生各階段的「當下」目標。「這一結果就給現代人的生活提供了持續不斷的刺激。……貨幣給現代生活裝上了一個無法停轉的輪子，它使生活這架機器成為一部『永動機』，由此就產生了現代生活常見的騷動不安和狂熱不休。」[24] 生活的忙碌不已，不一定是貪戀錢財造成的，卻是金錢架構著這生活世界而造成的。

現在，「金錢到處都被視為目的，這迫使眾多真正具目的性的事物降格為純粹的手段。」[25] 不再是金錢為了生活，而是生活為了金錢。金錢作為「純粹的工具」，像「抽象的概念」[26]一般，內裏是空洞的。當人捉著花的概念，卻不是嗅一朵真正的花時，他怎會聞到香味呢？當人捉著金錢這概念般的工具，而不是為生活的具體目標努力時，怎會體會生活的豐盛呢？人遠離了生活的具體目的，反以金錢為目的，當然就不能經驗到生活的內在意義了。

三 購買力重要過實物

金錢是「純粹的工具」，其工具性在於它儲存了交易的潛能，這潛能「以一種客觀的現存的東西的形式貯藏著一種純然主觀上預期的未來」。[27] 西美爾稱金錢的這種潛能為金錢的「形而上的特質」，「這種形而上的特質就是作為所有可能性的價值實現所有價值的可能性」。[28] 金錢就是能實現為種種價值的潛能。

由於金錢具備能交換成不同實物的潛能，它就優於實物。「有錢的人比擁有商品的人更有優勢，一如理智的人有一力量凌駕於富情感而衝動的人。縱然從整全意義的人格來說，後者可能更有價值，其不同的能力最終可能勝於前者，但後者比起理智的人來説，卻是較片面、較固守於己見和偏見。他不像理智的人那樣具有遠見，具有應用所有可用的手段的無限可能性。」[29] 實物像「富情感而衝動的人」，有內容，富意義，但終歸仍是「實」化了，不能像「潛能」般自由變化，具「無限可能性」。雞農只有將雞交換成金錢後，才會感到安心。當他擁有雞時，他有的是雞；但當他擁有錢時，他可以將之變成馬、變成牛、變成屋。他擁有了當他擁有雞時沒有的可能性。

不知你有沒有養過雞？小時候，我的鄰舍在家中養了一隻雞。這隻雞在家中自由活動，如家人一般。牠「富情感而衝動」，會啄人，會聽人呼喚，會跟人玩耍。與這隻雞相處，愉快無比。想想，手中擁有一隻雞，與手中擁有可買這隻雞的金錢，兩者相隨的心理感受何等不同？足以買下這隻雞的金錢，是一種可能性，「形而上」地優於一隻雞的實物，但手握著金錢的時候，心中卻是空洞的。無怪乎西美爾說：「一旦他不再擁有土地，而只擁有體現土地價值的金錢，他就失去這個生活內容。」[30]

遠離生活中的真實價值是令人感到空洞的，但金錢作為購買的無限潛能，卻使人心理上認為擁有金錢比擁有實物重要。這不是貪戀金錢造成的，而是由金錢的「形而上的特質」造成的。當人注目這「形而上的純粹概念」時，真實的生活便被遺忘了。

四 「量」的思考取代了「質」的欣賞

當雞、馬、牛被約化為不同的價格值後，我們看見雞、馬、牛時，我們再不用理解雞之為雞、馬之為馬、牛之為牛的獨特價值，我們直接用其金錢值來理解牠們。在金錢的框架裏，「我們不問甚麼（what）或如何（how），而是問值多少錢（how much）。」[31] 對於我們來說，「『甚麼東西有價值』的問題愈來愈被『值多少錢』的問題所取代。……這正是所謂麻木不仁（*Blasiertheit*）態度的體現，即人們對於事物的微妙差別和獨特性質不再能夠作出感受同樣細微的反應，而是用一種一律的方式，因而也是單調無味的，對其中的差異不加區別的方式，去感受所有一切。」[32] 人帶著「金錢」這眼鏡去看世界，世界萬物也被建構成展示著金錢這標記。在其中失去的，是事物的「質」的差異。沒有了「質」的差異，則人對價值感覺也就麻木了。功利主義倫理學的重點是計算「功利」的總量，這是一種相當重視「量」的倫理思考，然而，在穆勒（John Stuart Mill）的功利主義倫理學裏，卻仍保留價值的「質」的差異；[33] 如今，在金錢倫理裏，這差異被完全取消了。

萬物皆還原為金錢這個「價值的公分母」。要作為「價值的公分母」，金錢的性質必須是「全無個性」（characterlessness）。[34] 這種「全無個性」就是價值上最低下平庸的價值。「金錢是『低俗』的，因為它是一切的等價物，任何東西的等價物。……這就是任何一種夷平過程的悲劇：這一過程直接導向了**最低**因素的位置。」[35] 以最平庸的價值中介來取代各種事物的價值，結果就只能是「質」的價值以平庸的價值來理解，這造成不同事物的「質」的取消，造成價值的「夷平」。

「金錢具有一種特別的能力，它能把最高的和最低的價值都同等地化約為一種價值形式並因此而把它們都置於同一水平之上。……金錢的活動造成了個人價值與客觀價值之間最荒謬的聯結。……貨幣愈是成為興趣的惟一中心，人們就愈是會發現：榮譽與信用、才智與價值、美與靈魂拯救都可以交換成金錢，……這些價值也擁有一種『市場價格』。價值的本性拒絕任何不按其自己的範疇和理念進行的價值衡量，對於價值來說，市場價格的概念是對犬儒主義呈現於主觀反映形式裏的東西最完美的客觀化。」[36] 對犬儒主義者來說，現世的一切都是無價值的，金錢建構著的世界正是這樣的一個世界。付得起金錢的豬，也可以將珍珠放在自己之前，這是「個人價值與客觀價值之間最荒謬的聯結」。就是這種荒謬的聯結，神聖的耶穌也被等值為三十塊錢。

當事物的「質」被金錢掩蓋後，就剩下事物的「市場價格」的量。「許多人的生活中充斥了這樣的事情：對價值進行確定、衡量、計算，將質的價值化約為量的價值。這當然有助於形成現代社會從理智出發、勤於計算的性質。……運用貨幣來估價，教會人們分毫不差地確定和指出每一種價值的價格，從而使一種大得多的精確性和明確的界限確定無疑地進入了生活內容。」[37] 生活被看成是一「龐大的算術問題」。[38] 在這數學化的世界中，沒有「質」的善惡之別，行事的標準是「客觀的正確性和公平性」。[39] 如此，行為的依據，建基於數學式的「知性預計而不是〔倫理〕規範性的預期。」[40] 人的「道德性」沒有了市場，名劍不再是贈英雄，而是賣給付得起金錢的人。「在金錢的交易中，所有人的價值都是相同的，這不是因為所有人都有價值，而是因為除了金錢之外，別的一切都毫無價值。」[41] 當人失去了獨特的價值時，倫理還如何可能？當他者的價值是按價錢牌來標示時，我怎能不是以買賣的邏輯來處理他？

金錢是「無個性的」，也是「無面目的」，它只有「量」，沒有「質」。強盜手中的一百元與清潔工人手中的一百元，是無分別的。在金錢身上，「看不出任何它們來源的痕迹」。[42] 無論一個人作甚麼，只要賺到金錢，金錢將隱藏它本身的來源。金錢不單夷平了物件的價值，還夷平了行為的價值。在這「認錢不認人」的世界，陶造人格美德還有市場嗎？在這個「量化」世界，上帝除非可以被訂價，可以招來生意，否則，人如何能理解上帝的「非金錢」價值呢？

五 個人性超於關係性

「錢在口袋裏，我們是自由的，而以前，事物使我們受它儲放和使用條件的制約。」[43] 在聖經裏，有浪子回頭的故事（路十五 11～32），試想想，若那家庭的家業根本不能換成通用的金錢，那浪子能成為浪子嗎？若那小兒子獲分了一塊地，他能離家出走嗎？金錢制度令家庭關係的解體成為可能，[44] 也使個體化成為可能。

「貨幣作為人與物之間的中介聯繫，彷彿使人成為一種抽象存在，使人有了一種自由，脫離對物的直接關懷，也脫離與物直接相連。……假如在某些有利的情況下，現代人能保有一個主體性的孤島，為其最個性化的存在獲得一個隱祕的離羣索居的私隱領域，而這私隱領域不是在社會意義上講的而是在形而上的意義講的，……則這是歸功於金錢使我們愈來愈無須直接接觸物件，同時金錢又使我們極為容易地控制物件，並從中選取我們之所需。」[45] 金錢這純粹工具將我們從具體的家庭關係及具體的物中釋放出來，「從傳統的土地財產向金錢財產的轉變不只是一個經濟現象，這種轉變還導致了人的存在狀態的轉變——現代意義的自由的來臨。」[46] 這也意味著「形而上的個體」的形成。

金錢又是「財產私人化及個人化形式的最適合的基礎」。[47] 不動產或實物，很難「私人化及個人化」，很難帶著隨處流浪，很難按一己之喜好隨時將它們交換成當下想要的物件。金錢這形式，卻很適合成為「私己錢」，有了「私己錢」，一「私」之「己」便強化了。這是個人自由可任意活動的領域，別人不得干涉。這強化了「形而上的個體」的「個體」意識。

「形而上的個體」是自閉的，像萊布尼茲（Gottfried W. Leibniz）哲學裏的「單子」（monad）。[48] 當一個「形而上的個體」遇上另一個「形而上的個體」時，他們可能會合作去賺錢，但很難相愛。「儘管跟他者之間還有大範圍的關係交往，但一切真正是個人性質的因素都從關係中剔除出去了。」[49]「講錢失感情」，當「形而上的個體」不得不講錢時，人與人之間的真感情便失去了。西美爾富有深意的說：「我們在金錢的本性中體味到賣淫活動的某種本質。金錢與任何一個人都沒有關係，誰和誰在用錢毫無區別。所以金錢與任何個體缺乏依附關係，金錢作為純粹手段而固有的客觀性排除了一切情感上的內容。」[50] 金錢的邏輯建構著的現代社會，人更容易走出家庭關係去賺錢和花錢，更少依賴特定的人，卻更容易走入以金錢價值為本的不同羣體。身邊的人多了，知己卻少了。他們的關係，只是相近，不是相遇。

在金錢世界裏，「今天殊死對抗的競爭者，明天可能就是同業聯盟的盟友」。[51] 這樣的關係，實在無所謂朋友或敵人，兩個「形而上的孤離個體」根本不可能發生真實的關係。他們之間的衝突，基本上可以按金錢原則來擺平。這種人際關係的極致就是股份公司。一大羣人走在一起，彼此不認識對方，他們因為投入了金錢才走在一起，而維持雙方繼續走下去的目標，就是賺更多的錢。[52] 人與人關係中「質」的因素消失了，只留下「量」的因素。

一方面，金錢造就了個人主義；但另方面，由於金錢能「夷平」一切價值、瓦解「質」的關係、並作為一種「形上概念」統一一切量化的關係，這樣，金錢又能使「專制」的「集體主義」成為可能。「當我們觀察到自由主義的憲政制度和金錢經濟之間具有一種緊密的相互關聯時，同樣我們不得不注意到金錢為專制主義提供一極為合用的技術，這技術把空間上最遙遠的地方納入它的統轄之下。在實物交易時期，這些遙遠的地方總是分散及各自為政的。」[53] 個人主義和專制主義，其背後的結構都是金錢結構。[54] 劉小楓指出：「資本主義與社會主義、自由主義與平等主義這兩種截然相反的激情背後，西美爾看到的是更為根本的**現代性痼疾**——致命的**生命感覺的萎縮**。」[55] 必須放下人與人之間的親情關係，也必須遺忘不同事物的本來意義，才能有個人主義及專制主義。惟有金錢，能建構出如此看似兩極的生活世界及人格心理來。

金錢使人脫離家庭和事物的直接連繫，成為一「形而上的孤獨個體」。這孤獨個體擁有脫離他物的自由（freedom from something），但這自由應同時指出方向，讓人有自由去參與某事（freedom to do something），否則，這自由是毫無意義的。[56] 偏偏，金錢的經濟，就是讓我們不再必然依賴某個個別的人或依附於某種實物，給我們莫大的自由，卻又除了吸引我們賺更多錢以外，不再指出我們當成就甚麼事情。這些人和物，「雖然它們限制了個體，卻能支撐個體，賦予個體以內容。」如今失去了它們，我們「比過往任何年代都有更大自由，卻無法好好地享受自由。」[57] 金錢世界中的孤獨個體，生命是「沒有重量」的，體驗著「生命中不能承受之輕」。

六 瑪門與上帝

若果宗教在社會中的功能是超越生活的總體卻能結合生活的種種元素並賦予其意義的話，則金錢在現代社會中正扮演著這角色。「金錢超越各因素之上，作為一結合力量，支撐及滲透著〔生活中的〕每個個別因素。」[58] 金錢連繫著社會生活的每項事物。藉著金錢，我們才能明白人和物的價值，才知道行動的方向，縱使這是數學化的計算後的方向。金錢的普遍使用，是金錢的「精神化過程」，「它是從多樣性中實現統一的精神活動的本質。……交易的互動產生了價值在精神上的一種統一。」[59] 沒有金錢，生活失去了一種「現代生活」的統一性。

「上帝觀念的深刻本質在於：世界的萬物和矛盾都在這種觀念中獲得了統一。……金錢愈來愈成為所有價值的絕對充分的表現形式和等價物，它超越客觀事物的多樣性達到一個完全抽象的高度。它成為一個中心，在這一中心處，彼此尖銳對立、遙遠陌生的事物找到了它們的共同之處，並相互接觸。……這種可靠性和安定（只有擁有了金錢才會有這樣的感覺），這種相信價值交匯在金錢身上的信念，在純粹心理學方面，也可以說是形式上，包含著與上帝觀念類似的地方。」[60] 上帝在哲學上及心理上的傳統角色，是化解一切現象的對立，讓人在祂身上找到平安穩妥的立足點。現在，這角色已由金錢補上。在現代社會中，金錢扮演著「不動的動者」[61] 的角色，在事物頻繁的互動中，「不動的金錢」操控著。這統合萬物並賦予事物以意義的金錢，在社會心理上，便成為「世界的世俗之神」（the secular God of the World）。[62]

這世俗之神有其勢力。不是我們利用金錢，而是金錢利用我們。「事實上，是金錢利用我們，使我們成為僕人，服膺在它的法則及目的之下。」[63] 金錢作為一種「現代生活的語法」，任何現代生活的語句都離不開它的法則，也由它建構而成。「……一個成熟的金錢經濟系統不單止促成、更是**要求**那種拜偶像的態度。金錢引誘我們相信，任何存在的價值就是我們自己評定的價值。若我們服膺這觀念，則會取消〔真正的〕宗教的命令，這命令要求我們走出自己所訂的價值而看到**真正的**價值。」[64]

我們活在這個由金錢建構的世界裏，看到的具差異的萬物是由同一的金錢標示價值的萬物，解決問題所需的法則是金錢的邏輯，要追求的不是實物而是比實物好得多的「純粹的交易工具」。在一般人的心裏，「金錢象徵著目的序列的終點，並為他們提供統合各種興趣的一個尺度、一個抽象的高度、生活細節的統馭力，以致它減少了人們在宗教中尋求滿足的需要。」[65] 瑪門正取代上帝的位置，[66] 要求人的降服，也驅策人為了它而生活。

七 一點評語

金錢作為一種最完美的工具，它的確給人一種心理感覺──它比實物更好。實物的千差萬別的價值，在這完美的工具中，找到評價的統一標準。一切實物的「物自身」在金錢這完美的「形式」下消失了，一切價值都被這「最低標準」和「最無內容」的金錢「夷平」了。就倫理而言，這意味著再不用談「盡人之性」、「盡物之性」了。[67] 因為人和物已沒有了「內在本質」或「內在本性」，也就無從談起如何盡其性了。看到大地的萬物，就不能和應著上帝說「這是好的」了。失去了和實物的內在關聯，人的腳便離了地，感到空洞無比。要讓人腳踏實地的活著，便需正視萬物的實在性，這需要更多探討「自然」的神學[68]（theology of nature，這不同於「自然神學」〔natural theology〕）和基督教的「生態倫理」，[69] 好肯定萬物本身的實在性和美善性，免得萬物的實在和美善被金錢「泡沫化」。雖然世上最多泡沫的，就是金錢世界。

金錢的另一力量，就是將世界量化。在這裏，沒有「質」，只有「量」。沒有了「質」，人和他者的差異便取消了，神學家巴特（Karl Barth）講的上帝和人之間的「無限的本質差異」[70] 也取消了。若人和他者的關係只是量化關係，則他者便有可能在衡量得失後被犧牲了。人和他者沒有「質」的「內在」關係，和現代人作為一「形而上的孤獨個體」存在密切相連。金錢的普遍使用，使現代人不必再倚賴特定的他人和特定的物件，這使人脫離了人和物的牽連而具備「形而上的孤獨性」。孤獨個體看見的，當然不是活生生的世界，而是一數學式的抽象世界。在這裏，只有量化邏輯嚴謹地運作著。嚴格上說，這裏沒有倫理可言，有的只是數學的運算。要改變這情況，必須設法讓人看到，面對的不是一項數字，而是一個人。當人與人真實相遇時，倫理才有可能。基督信仰是幫助人走出孤獨，與他者相遇的信仰。我們應建立一種教會性的社羣倫理，[71] 使人在真實的羣體中生活。沒有這種真實羣體，人如何經驗愛？沒有愛，人如何得救？

以祿指出，當耶穌論及瑪門時，「他不是談論一般的勢力、一般的神明，他是談論一個直接敵對上帝的行動的神明，這個神明使『非恩典』（nongrace）在世上統治。」[72] 瑪門的獨特性，在於它徹底「反恩典」，一切都要放在量化的嚴格系統中被計算，反對「白白地」「為他人而活」。「反恩典」的力量誘使那年輕財主不按主耶穌的吩咐去變賣一切而分給窮人（太十九 16～22）。要打破「反恩典」的邏輯，最好的方式，正是反其道而行。「有一最卓著的行為，藉著反金錢之律而行，能打破金錢的神聖性。這行為正正違反金錢的本意，這行為就是**施予**。」[73]

當我們白白施予時，一個與我們相異的他者，便在我們面前出現了。倫理就在這裏開始。

註 釋：

1. Philip Goodchild, *The Theology of Money* (London: SCM Press, 2007), 3.
2. Nicholas J. Spykman, *The Social Theory of Georg Simmel* (New York: Russell & Russell Inc., 1964), 251. 轉引自 Sally Herbert Frankel, *Money: Two Philosophies* (Oxford: Basil Blackwell, 1977), 8。
3. Georg Simmel, *The Philosophy of Money*, trans. Tom Bottomore and David Frisby (London, Henley and Boston: Routledge & Kegan Paul, 1978), 209. 中譯本參西美爾（Georg Simmel）著，陳戎女、耿開君、文聘元譯：《貨幣哲學》（北京：華夏出版社，2007），頁 138。文字的強調為原文所有。本文引用此書時，會參照中譯本的翻譯，但很多時會按英譯本的文字作修改。關於這點，以後不再交代。
4. 劉小楓：〈金錢、性別、生活感覺——紀念西美爾《貨幣哲學》問世 100 年〉，載於西美爾著，劉小楓編，顧仁明譯：《金錢、性別、現代生活風格》（上海：學林出版社，2000），前言頁 6。也參考 Simmel, *The Philosophy of Money*, 470, "In some respects, money may be compared to language, which also lends itself to the most divergent directions of thought and feeling." 中譯本，頁 382。
5. Jacques Ellul, *Money & Power*, trans. LaVonne Neff (Illinois: Inter-Varsity Press, 1984), 75～76. 文字的強調為原文所有。
6. Ellul, *Money & Power*, 20.
7. Goodchild, *The Theology of Money*, 5.
8. 雖然西美爾的 *The Philosophy of Money* 中譯本名為《貨幣哲學》，我還是喜歡將之譯為《金錢哲學》，因為在日常生活及心理感受中，「金錢」這叫法來得更直接。
9. 本文討論的倫理，不是規範倫理學那種要找出倫理標準的倫理，而是近乎美德倫理學那種如何盡人性的倫理。討論金錢的倫理含意，重點在於指出金錢對人性及社會生活的建構力量。
10. Simmel, *The Philosophy of Money*, 125. 中譯本，頁 61。
11. Simmel, *The Philosophy of Money*, 128. 中譯本，頁 63。
12. 參 Simmel, *The Philosophy of Money*, 80. 中譯本，頁 22。

13. Simmel, *The Philosophy of Money*, 120. 中譯本，頁 56。
14. Simmel, *The Philosophy of Money*, 121. 中譯本，頁 58。
15. Catherine Cowley, *The Value of Money* (London, New York: T&T Clark International, 2006), 101.
16. Simmel, *The Philosophy of Money*, 478. 中譯本，頁 389。
17. Cowley, *The Value of Money*, 101.
18. Cowley, *The Value of Money*, 100.
19. 西美爾：〈現代文化中的金錢〉，載於西美爾：《金錢、性別、現代生活風格》，正文頁 8。
20. Simmel, *The Philosophy of Money*, 211. 中譯本，頁 140。
21. 劉小楓：〈金錢、性別、生活感覺〉，前言頁 15。文字的強調為原文所有。
22. Simmel, *The Philosophy of Money*, 210. 中譯本，頁 140。
23. 西美爾：〈現代文化中的金錢〉，正文頁 11～12。
24. 西美爾：〈現代文化中的金錢〉，正文頁 12。
25. Simmel, *The Philosophy of Money*, 431. 中譯本，頁 347。
26. Simmel, *The Philosophy of Money*, 211. 中譯本，頁 141。
27. Simmel, *The Philosophy of Money*, 242. 中譯本，頁 171～172。
28. Simmel, *The Philosophy of Money*, 221. 中譯本，頁 150。
29. Simmel, *The Philosophy of Money*, 436～437. 中譯本，頁 352。
30. 西美爾：〈現代文化中的金錢〉，正文頁 7。
31. Simmel, *The Philosophy of Money*, 259. 中譯本，頁 188。
32. 西美爾：〈現代文化中的金錢〉，正文頁 9。
33. 穆勒（John Mill）著，劉富勝譯：《功利主義》（北京：光明日報出版社，2007），頁13～37。
34. Gianfranco Poggi, *Money and the Modern Mind* (Berkeley and Los Angeles: University of California Press, 1993), 209.
35. 西美爾：〈現代文化中的金錢〉，正文頁 8。文字的強調為原文所有。
36. Simmel, *The Philosophy of Money*, 255～256. 中譯本，頁 184～185。
37. 西美爾：〈現代文化中的金錢〉，正文頁 13。
38. Simmel, *The Philosophy of Money*, 444. 中譯本，頁 358。鮑曼（Zygmunt Bauman）指出，「現代性」的倫理的特點是將倫理問題看成是類乎數學的問題，理性的、普遍化的、總可解答的，然而，這看法卻是有違真實的人生。參鮑曼著，張成崗譯：《後現代倫理學》（南京：江蘇人民出版社，2002），頁 12～18。
39. Simmel, *The Philosophy of Money*, 436. 中譯本，頁 351。祈克果（Søren Kierkegaard）指出，在數學的命題中，其真理是「客觀」的，但這卻是

毫不關己而自己也漠不關心的真理。這種真理不會造就生命的深度，只增加人的外在技巧。參 Søren Kierkegaard, *Concluding Unscientific Postscript*, trans. David Swenson and Walter Lowrie (Princeton: Princeton University Press, 1941), 182。

40. Poggi, *Money and the Modern Mind*, 143.
41. Simmel, *The Philosophy of Money*, 432. 中譯本，頁 348。
42. 西美爾：〈現代文化中的金錢〉，正文頁 14。
43. 西美爾：〈現代文化中的金錢〉，正文頁 7。
44. 參 Simmel, *The Philosophy of Money*, 476～477. 中譯本，頁 388。金錢制度促成了個人主義，而家庭關係依賴的，卻是地產。不動的田地凝聚家庭，浮動的金錢瓦解關係。
45. Simmel, *The Philosophy of Money*, 469. 中譯本，頁 381。
46. 陳戎女：《西美爾與現代性》（上海：上海書店出版社，2006），頁 75。
47. Simmel, *The Philosophy of Money*, 349. 中譯本，頁 271。
48. 按黑格爾（G. W. F. Hegel）的講法，萊布尼茲的「單子」，是絕對獨立的形上實體。「每一個單子對於其他單子來說都是不相干的、獨立的東西」，「它的一切規定和變相都完全是僅僅在它以內進行的，並沒有任何外來的規定」。參黑格爾著，賀麟、王太慶譯：《哲學史講演錄》（卷四）（北京：商務印書館，1995），頁 170。
49. Simmel, *The Philosophy of Money*, 299. 中譯本，頁 225。
50. Simmel, *The Philosophy of Money*, 376～377. 中譯本，頁 296～297。
51. Simmel, *The Philosophy of Money*, 434. 中譯本，頁 350。
52. 參西美爾：〈現代文化中的金錢〉，正文頁 3。
53. Simmel, *The Philosophy of Money*, 495. 中譯本，頁 405。
54. 弗洛姆（Erich Fromm）從心理學的角度，分析了極端獨立的個人自由與專制的集體主義之間的關連，與西美爾的金錢哲學的分析，異曲同工。參 Erich Fromm, *Escape from Freedom* (New York: H. Holt, 1994)。
55. 劉小楓：〈金錢、性別、生活感覺〉，前言頁 8。文字的強調為原文所有。
56. 參 Simmel, *The Philosophy of Money*, 400. 中譯本，頁 318。潘霍華（Dietrich Bonhoeffer）指出，在基督裏真正自由的人，不是那些脫離了（free from）一切人和事的自由人，而是那些為了（free for）他者而活的人。這些人在倫理的意義上被他者的需要所約束，他在這倫理的約束下盡上自己的責任，這使他活出了真正自由人的生命。參 Dietrich Bonhoeffer, *Ethics*, trans. Reinhard Krauss, Charles C. West, and Douglas W. Stott (Mineapolis: Fortress Press, 2005), 283～284。
57. Simmel, *The Philosophy of Money*, 403. 中譯本，頁 321。

58. Simmel, *The Philosophy of Money*, 485. 中譯本，頁 395。
59. Simmel, *The Philosophy of Money*, 198. 中譯本，頁 129。
60. 西美爾：〈現代文化中的金錢〉，正文頁 13。
61. Poggi, *Money and the Modern Mind*, 151.
62. Simmel, *The Philosophy of Money*, 238. 中譯本，頁 167。
63. Ellul, *Money & Power*, 76.
64. Cowley, *The Value of Money*, 101. 文字的強調為原文所有。
65. Simmel, *The Philosophy of Money*, 237. 中譯本，頁 167。
66. 有學者分析，「瑪門」（Mammon）的字根是*'Aman*，與「阿們」（Amen）相近，意指：穩定、穩妥，其引申意義是：信任、信靠。參 Ellul, *Money & Power*, 93, note 2。「瑪門」承諾「穩妥」，要求人「信任」它。
67. 中國儒家講「盡性」之學，當然這裏講的「性」，壓根兒是人性的「仁」。基督教的重點不在人性之「仁」，但也不是不講「盡性」的。就救贖論來說，基督徒是「新造的人」，要活出這生命的「基督性」。從創造論來說，萬物都是屬乎天父的，如何發揚萬物的美善，如何「盡物之性」，讓萬物成為榮耀上帝之物，也是信徒的本分。
68. 參 George Hendry, *Theology of Nature* (Philadelphia: Westminster Press, 1980)；Anna Case-Winters, *Reconstructing a Christian Theology of Nature: Down to Earth* (Aldershot, England: Ashgate Pub. Ltd, 2007)。
69. 參 Jürgen Moltmann, *God in Creation: An Ecological Doctrine of Creation* (London: SCM Press, 1985)；Willis Jenkins, *Ecologies of Grace: Environmental Ethics and Christian Theology* (Oxford: OUP, 2008)。
70. 巴特（Karl Barth）著，魏育青譯：《羅馬書釋義》（香港：漢語基督教文化研究所，1998），頁 17。
71. 參 John Zizioulas, *Being as Communion: Studies in Personhood and the Church* (Crestwood, N.Y.: St. Vladimir's Seminary Press, 1993)。
72. Ellul, *Money & Power*, 88.
73. Ellul, *Money & Power*, 110. 文字的強調為原文所有。

2 生命與成就：一個逆向的思考

蘇遠泰

一 引言

追求卓越和成就，是不少香港人的人生奮鬥目標，大概香港的基督徒亦不例外。如果可以的話，我們總是夢想自己的教會擁有宏偉和「豪裝」[1]的禮拜堂，崇拜人數超過八千，事工所到之處由香港、東南亞、北美，以至中國各省，每年的奉獻超過一億……有誰可以抵禦卓越和成就的引誘呢？有誰不羨慕「宏大教會」（mega-church）在各種資源上的豐富呢？

教會雖說是由罪人組成的團契，在耶穌基督的恩典裏得蒙拯救，並學習成為一個真正蒙上帝喜悅的人，但教會的信徒又同時生活在現今的世代，未有／未能擺脫社會的共同意識和價值觀。「分別為聖」往往只表現在個人的內在反省和靈修操練的技術層面上，而未能踐行在與世人的所想所求呈現差異和不同上；至於，以基督信仰來反省及批判世人的想求，便留給少數自命清高者作自娛／自義的高調吧了。尤其在金錢、財富、利益的價值觀上，大多數基督徒所追求的成就就是世人所追求的。難道不是這樣嗎？

在資本主義的社會裏容易培育出一羣「賺到盡」的經濟人：買股票要摸頂撈底、短線獲利、對沖減險；做生意要低買高賣、迎合時勢；建築樓宇要每單位都坐擁無敵海景、具備設施完備的會所。至於是否有無知的小股民失去了畢生的積蓄或退休金？是否加深通貨膨脹令基層生活更苦？是否出現屏風樓有害空氣質素？是否最終引至金融海嘯？None of my business！（與我無關！）——因這樣才可以「賺到盡」！如此的意識形態，又是否伴隨著經濟人信仰基督、加入教會而在基督教圈子裏扎根呢？

君不見今天的教會努力追求擴堂、發展事工和人數增長嗎？假如能在年報中列出崇拜人數增長百分之十，就足以顯示教會蒙上帝的恩典；事工活動能多采多姿、各適其適，就顯示弟兄姊妹熱愛教會；坐擁華麗的禮拜堂，必是上帝的祝福。當然，我不是否定這些均可以是上帝的賜福，但如此就足夠嗎？害怕的是，美麗的恩典背後，隱藏著弟兄姊妹靈命膚淺、事工叫人疲於奔命、大的禮拜堂叫人際關係的疏遠變得合理化、甚至出現大教會在小教會「搶羊」等等致命的問題。大、豪、多、富就真的是我們追求的成就嗎？真的是上帝的祝福？生命（指整全的生命，一般人會分成屬靈和屬體）假如要是豐盛的，必然是大、豪、多、富的嗎？小、簡、少、貧真的不反映「得的更豐盛」的生命嗎？這就要看我們如何看待生命，又如何看待成就與財富了。

本文站在一個與一般人迥異的立場，逆向反思生命與成就（特別指財富上的成就）之間的關係，嘗試從基督宗教的聖法蘭西斯（St. Francis of Assisi）的神貧觀念，探討小、簡、少、貧同

樣可以帶出生命的祝福，以體驗主所說：「你們要謹慎自守，免去一切的貪心，因為人的生命不在乎家道豐富。」（路十二 15）

二 逆向思維

「逆向思維」（reverse thinking）是指「一種反習慣、反傳統、反常規的思維方式，它與一般的、傳統的或羣體的思維方式相區別而獨具特色。」[2] 當我們按一般的習慣來思考時，可以稱為「正向思維」，這是大多數人的文化、社會、歷史的價值取向所引申出來的思維方向，正因是大多數人的實踐，故此容易給人安全的感覺，但有時亦給人批評為「羊羣心態」。但當我們背逆一般人習慣的思考來分析或解決問題時，嘗試不從眾，嘗試另闢道路，便是一種逆向思維，有論者以為逆向思維對人的創造能力和解決問題能力能提供極大的幫助。[3]

逆向思維早見於我國道家的思想之中，道家的經典《老子》（又名《道德經》）說：「反者道之動」（四十章），表示「反」就是道的運行模式，意思是：萬物不斷發展，以至於它的極點／極限，最後不能再向前發展，卻是折返而回，向它的反面發展，或變為其反面。故此，事物的發展導向，本來便涵有它的反面性格；這反面性格待事物發展至某一限度，便呈現出來──我們一般稱為「物極必反」。[4] 筆者執筆之時，正值英、美政府為了解決二〇〇八年金融海嘯引致銀行借貸緊縮至極之時，英、美這些信奉自由經濟的國家，竟然把銀行國有化，變成銀行的最大股東，就是物極必反的例子。

用於思考上，當我們以正向思維解決不了問題，我們可以嘗試以相反的角度來看，因為當事情發展至某階段時，形勢便自然改變，變得對反方有利，在此時，逆向的思維便可以有所得益。例如《老子》三十六章：「將欲歙之，必固張之；將欲弱之，必固強之；將欲廢之，必固興之；將欲奪之，必固與之。」當我們看見事物正在不斷的擴張、強盛、興舉、給予，就代表不久的將來它必收斂、削弱、廢棄、取去，[5] 故此，採用逆向思維便可能產生創造性的成效。

今天，逆向思維尤見於商業及投資上，例如「不把所有雞蛋放在同一個籃子裏」的「分散投資」哲學，雖然為大多數人所採納（正向思維），但有「股神」之稱的畢菲特（Warren Buffett）卻採取「集中投資」，以「價值投資法」只選取不超過十隻被認為是有前景但價格偏低的股票進行投資（逆向思維），多年來成績彪炳，更榮升《福布斯》（*Forbes*）雜誌〈2008年度全球富豪榜〉的首富，超越其好友蓋茨（Bill Gates）。又例如，學者發現百分之九十的股票投資者均選擇在升市時買入投票，在跌市時賣出股票（正向思維），但不少知名的投資者卻教導小股民「當所有人都在談股市時，你就必須退去」，建議小股民要在熊市不停買入，在火熱的牛市卻應毅然退出（逆向思維），如此才可以真正獲利[6] —— 當然，他們確實按此方法賺取了很多金錢。[7] 如此看來，逆向思維在一定條件下確實可以有助我們在眾多「一般人」中間獲勝；但筆者在此並非要以逆向思維來賺取金錢上的成就，正正相反，而是希望藉此賺取生命上的成就。

三 可能！強者！

筆者從星期日的電視節目「權能時間」（Hour of Power）[8]

中認識蕭律柏牧師（Rev. Robert Harold Schuller）和他的兒子蕭安柏牧師（Rev. Robert Anthony Schuller），他們分別被稱為「可能思想之父」和「可能生活之父」，前者曾經而後者則現在擔任美國水晶大教堂（Crystal Cathedral, USA）的主任牧師。蕭律柏牧師早在上世紀五十年代尾欲建一座人車兩容的林園大教堂，創立當時人以為不可思議的「坐在汽車裏敬拜」的崇拜模式。這教堂在不可能的情況下建成：興起建堂的觀念時，蕭律柏牧師手上只有一千一百美元，最終籌募百萬美元並於一九六一年落成。[9] 又於一九六八年開始構想興建一座宏偉的教堂，共募款二千萬美元，在一九八〇年九月，這座可容納一萬人一共耗時十二年興建的水晶大教堂終告竣工。教堂由巨大的玻璃幕牆和鋼架所構成，水池、尖塔、花園、高大的棕櫚樹、聖經中的雕塑品甚至是墓園，彼此相互映照的建築物全融為一體。教堂主建築物內有一座全球最大之一的管風琴，在崇拜時有強勁的詩班隊獻唱，又不時請來各方面的基督徒名人嘉賓分享及表演。筆者在一次節目觀看中（二〇〇八年十月五日），就聽到蕭律柏牧師誇讚在他們教會表演的詩班是全美國最好的。

據聞全球通過電視參與水晶大教堂崇拜的人超過二千萬，分佈一百八十個國家。在香港的廣播中，香港的節目製作人往往加插一些本地的成功基督徒名人分享見證，既帶出上帝如何改變、感動他們認真皈依，又藉此宣揚上帝是一個賜福的主——這裏所説的「福」，是與成功、成就、財富息息相關的。例如二〇〇八年暑期，「權能時間」推出題為「祝願福臨中國」系列，邀請不同的知名嘉賓在節目時間內分享，而節目主持人就是一名太平紳士，分享嘉賓分別有著名女歌星、成功商人領袖、知名牧者、兒科醫生及學者——我們很少可以見到基層信徒獲邀分享。整個

「權能時間」的製作意識，均建基在一種「成功神學」之上。

蕭律柏牧師有一句名言：「勇謀大事而失敗，強如不謀一事而成功。」他叫人有夢想、肯嘗試、信靠主、花心機、靠禱告、願拼搏、有恆心、動腦筋，如此，無論怎樣不可能的事情，最終都可以變成可能。他所寫的書籍內記載了不少成功的見證，見證人大多在起初沒有信心可以達成目標，但最終因為肯嘗試「可能」的思想，而成為了「強者」。[10]

蕭律柏牧師的教導可說是「逆向思維」的一種，當眾人認為前景暗淡，計劃已遠遠超出現實可以承載時，眾人就容易產生灰心、喪志、失望、放棄的情緒，思想傾向負面，認為前路不通。但蕭牧師的「可能」思想，卻反常規、反羣體，以為只要肯嘗試，才有成功的可能，負面的情緒不單無助事業的達成，還阻礙正面、積極、盡力的嘗試。蕭律柏牧師的教導固然有其積極的作用，筆者認識數位弟兄姊妹，十分喜愛《可能！》一書，更告訴筆者此書對他們在生命態度和工作毅力上帶來非常積極的動力，他們還鼓勵一些缺乏信心者細閱書中的內容，以期獲得信心和動力。

逆向思維可以有許多不同的進路，[11] 筆者在此只簡單地指出，蕭律柏牧師（及之前所提到的財務學者）所提出的屬於一種在方法上的逆向法，而非在結構／目標上的逆向法：蕭律柏牧師接受世人對上帝祝福的定義，就是成功、成就、財富，他只是採用逆向的思維來指導學員，不要害怕眼前的不可能，反而在面對種種的困難和不如意時，不單把憂心置諸腦後，還堅持勇往直前，到最後一刻仍要想盡辦法解決問題。蕭律柏牧師的「提醒」當然有「市場」，因他正正教導學員如何在一般無法達到成功的情況下，仍然堅持下去；當然，更加重要的是，在他的書中所記載的見證，大量徵引「成功」的例子，描述學員如何克服困難、達至成功，我們很少讀到失敗的例子——正如我們在教會內聽到的大多是成功的見證而非失敗的見證一般。這亦是「成功神學」的特色，或說是一種必須（a must），就是「報喜不報憂」，使學員真的以為只要跟從蕭律柏牧師般採取逆向思維的方法，成功指日可待。使基督信仰變得只要祝福，不要咒詛，基督徒生命容易變得脆弱，以為生命理應充滿喜樂，苦難是填不進信徒的生命方格之內——產生「享樂主義」、「快樂主義」、「去玩、去癲的宇宙海洋公園心態」，[12] 怪不得有論者以為「成功神學」是邪惡的。

筆者不會說「成功神學」是邪惡的。[13] 成功、成就、財富並不一定是邪惡的，它們可以是上帝的祝福（亦可以不是）；但假如主張只有成功、成就、財富才屬上帝的祝福，如此的思想就真是邪惡的了！我們需要一種結構／目標的逆向思維，難道祝福只可以是「成功」的嗎？主耶穌在地上的貧窮，在十字架上的「慘敗」，卻原來帶來世間最大的祝福呢！當世人以為擁有財富、名利、成就即等同得到上帝的祝福時，當我們接受大教會和大神學院較小教會和小神學院獲上帝更多的祝福時，我們應該提出結構性的逆向反思：原來在教會歷史裏，有些人不接受大眾人的價值觀，反倒以為，貧窮、卑微才是真正的祝福，因如此才可以享受真實的生命。往下，我們嘗試介紹一位如此逆向思考的奇人。

四 聖法蘭西斯的神貧

1. 聖法蘭西斯追求貧窮

聖法蘭西斯可說是一個基督宗教的奇人，他的靈修操練、對生命的熱愛、跟被造物稱兄道弟都成了典範，從他的禱文改編而成的中文詩歌《禱》，更是膾炙人口。他所倡導的「神貧」（Holy Poverty）主張，追求絕對的貧窮，不單在當時的社會／教會引起爭議，相信對今天的基督徒來說，更是遙不可及。聖法蘭西斯曾如此說：「我們要明白，貧窮是一條通向救贖，該選擇的道路；通過它，可結出幾百倍的果子；但卻很少人瞭解它。」[14] 正一語道破貧窮對生命可以帶來的積極意義，但要世人明白此理卻十分困難。

聖法蘭西斯生於意大利的西西里，身材中等，近乎短小，相貌不揚，但聲音雄壯，說話時不計較文法和修辭方面的工夫。年青時有點放任，後因病可以安靜下來思考他素常很少思想的事情，開始輕賤自己，並見異象，要作上帝的軍隊。在經歷改變後不久，行為表現大不如前，還向別人說不願再做買賣生意，而要留在本地做一番「高貴的」大事。當人們問他是否要娶妻時，他回答說：「我要娶的太太，是你們從未見過的那麼高貴與美麗和那麼秀外慧中的卓越小姐。」[15] —— 他所指的卓越小姐，就是過一種絕對的貧窮生活，就是神貧。

自此，他把以前的生意拋棄，還感到即或把金錢帶在身上一刻之久亦覺沉重異常。從此生命有了許多的改變，開始日加輕賤自己，服事癩病人，替他們洗滌膿水，拭揩瘡口，甚至超出一般人可以接受的，就是親吻病人。當他從司鐸講解福音書中得知，基督吩咐門徒要貧窮的教導後，他更立時脫掉腳上的鞋子，扔掉手中的棍杖，只穿一襲長衣，並束上一條繩子以取代腰間的皮帶。為了多行善行、傳福音、服事世人，他不願過隱修士的生活，而是立志要活在世間，見證福音，因而有成立修會的心願。

在創立修會時，聖法蘭西斯在會規上認為「他們應是微小的」，「我願意這弟兄團體稱為小兄弟會」——「小兄弟會」（Friars Minor）代表他們是「小」的，自己及自己的東西不屬於自己，僅附屬於別人，又不許修士在任何情況下收取金錢。[16] 他們時常尋求低賤的地位，並做著不甚「光彩」的職務，為的是叫修會弟兄的生命，是奠基於「謙虛」的堅實基礎上，而不是聖品的階級上。

為了追求絕對的貧窮，修會內的規定有苦修的味道：為了祈禱不入睡，使用若干方法，包括把身體縛在高懸的繩子上、以鐵鍊纏身、以木塊束腰；在冰天雪地下剝光衣服；以荊棘鞭笞全身，直至流血。修會只接受最不可缺的生活必需品，為使他們可以戒絕肉體的舒適而不怕艱苦。例如：為了不叫兄弟貪戀世物，在屋裏連一件小器皿亦不准留下（除非必須）；很少取用煮過的飯菜，即或偶爾有，也在飯菜中撒下灰土，又用開水減低飯菜所有調料的滋味；從不喝酒，即或口渴，亦不肯喝足夠的開水；不准許自己有鋪有蓋，枕頭是一塊木頭／石頭。[17] 聖法蘭西斯不單沒有戀棧成就、地位、財富、名利與權力，他反而以為這些均是他在生命的追求上的攔阻，他主動、積極，甚至我們認為是極端地把稍微滿足肉體需要的東西亦不恥擁有，為的不過是要追求高潔的生命。

2. 神貧的意義

為何聖法蘭西斯要追求貧窮呢？意義何在？難道我們需要學習他那接近「病態式」的追求嗎？他的生命究竟可以為現今的信徒提供甚麼逆向的反思呢？

A. 對治人性的軟弱

聖法蘭西斯曾說：「滿足需要而不致順從貪圖快樂之情是決不可能的。」[18] 此話叫筆者想起主耶穌亦曾說：「一個人不能事奉兩個主；不是惡這個、愛那個，就是重這個、輕那個。你們不能又事奉上帝，又事奉瑪門。」（太六 24）雖然以上兩段話均給人一種屬靈與屬世二分對立的感覺，但從「對機」的角度看，這樣的教導對我們來說可能是一場「及時雨」[19]——因此只屬「權說」（權宜之說），而非「實說」（確實之說），即如此的教導不是普遍的真理，但對習慣生活在追求成功成就的氣氛下的基督徒來說，確有洗滌心靈的價值。

聖法蘭西斯之所以拋棄一切的物質物慾，為的是使自己不為塵世的種種物慾所煩惱，好使能專心敬拜讚美親近上帝。對自己的身體毫不關注，甚至設法侮辱它，是為了免得自己愛惜肉體而情不自禁地貪戀暫世的一切。不錯，現今世代往往教導我們要追求「平衡」：追求事業上的成就和獲得財富，不是必然與敬虔的生命相衝突；我們需要的是學懂如何「平衡」，如何在追求財富時仍然抱有愛主愛人的心。但聖法蘭西斯卻對以上的「平衡」觀點投下反對票，他認為一個人不可能平衡地只滿足自身的需要而不多求額外快樂之事，人性的軟弱和罪性的捆綁，只會使人陷墮於追求物慾、名利、權勢的滿足。雖然在開始時滿心立志要如何既榮神又益人，如何攻克己身，但失卻「平衡」而傾斜於物慾是可以肯定的。故此，他寧願放棄物慾，甚至「狂態地」拋棄物質生活，否定身體的需要，為的是不再自欺欺人，以為真的可以過「平衡」的生活。所以，他不喜歡別人為他預備食物而寧願行乞，亦不喜歡乞取一些較好的飯菜，因他常對自己說：

> 你未必在各處遇到經常替你供應這些食物的人，這不是發願恪守神貧者的正常生活。你不應慣於食用這類食物。你將不免再度喜愛你業已輕視的一切，並再度陷於奢靡中。所以，你要毫不遲緩地起來，並沿門求乞雜食。[20]

正因他渴慕貧窮，故此他亦不介意成為乞丐，工作未能賺取足夠的食物就沿門行乞，過一種絕對依靠上帝的生活。人性的軟弱叫人難於「平衡」物慾和生命，聖法蘭西斯才刻意選擇貧窮，採取「矯枉必須過正」的逆向思維來對治人性的軟弱。我們要問問自己：我真的可以在追求財富與上帝之間經常平衡地生活嗎？還是……

B. 向下看齊，效法基督

基於上述，聖法蘭西斯便可以認同貧窮人，過貧窮的生活時，並沒有表現甚麼可憐的狀態，好像在承受甚麼重擔似的，假冒為善地博取別人的稱讚；卻是生活在自由、和氣、喜樂、熱情和殷勤之中。正如有評論說，一般人是以富人的角度來看貧窮，聖法蘭西斯卻是以窮人的角度來看貧窮，把「對窮人的慷慨、施予」的態度，改變為「和窮人共同生活」的態度。[21] 聖法蘭西斯成為最貧窮的人，在所有人之下，為的是可以服事每一個人，並且不會計較地位、面子、利益和權利。藉此，可以使貧窮人重新獲得人性的尊嚴，重新肯定他們的尊貴——其實他們本是尊貴，只是在富裕的社會裏被否定掉。[22]

大家不妨想想，今天我們社會／教會的價值標準是否「向上看齊」，以富有人的價值觀為依歸，成為人生追求的目標；

我們絕少「向下看齊」，為了得著卑微的弟兄姊妹而願意貧窮。按筆者所知，一些設計宏偉的禮拜堂，衣著光鮮的信徒，加上文質彬彬的談吐（這豈非是我們教會追求的目標嗎？），有時嚇怕了一些月入不過四千元的基層羣眾呢。如果一間教會的心態是寧作乞丐，相信沒有前來的人會被嚇怕——貧窮人不會，富有人亦不會，當然，除了嚇怕那些歧視貧窮的人。聖法蘭西斯說：「誰責罵窮人，就是侮辱基督，因為窮人帶有基督的光榮肖像，而基督則曾為我們在此世成了窮人。」——因在他的眼裏，窮人就是基督。

窮人就是基督，是聖法蘭西斯的神貧神學一個重要的基礎，他不以追求神貧為目的，不是為神貧而神貧，神貧不過是手段，為的是效法基督，又愛人如己。

原來，創造萬物的上帝是豐富的，擁有一切，祂雖然是自有永有的，但祂卻謙卑與虛己，未把一切據為己有，反倒完全付出，道成肉身，取了奴僕的形象，甚至降生在馬槽，成為木匠，過著貧窮的生活——這就是「造物主的貧窮」，就是真正的「神貧」。[23] 神貧的目的為要學效基督，基督的神貧教導我們輕視塵世的一切，不自私自利，把整個愛心傾注於別人身上，把自己交出來救助別人的需要。

生活在資本主義的社會裏，我們對「擁有權」有絕對的肯定，凡我所有的均是屬於我，別人無權奪取。可能連基督徒亦缺乏一種「管家」的觀念，滿以為凡主所賜下的均屬於自己，我擁有屬於我的東西的最終決定權，而不曉得一切都是上帝交托我們打理，為要像基督般為別人而捨。基督宗教思想家洛克（John Locke）生活在資本主義發芽的年代，雖然他亦承認人可以擁有自己勞力而得成果，無須一定與別人共享，但洛克卻反對人過度的擁有，反對人佔有過於他可以享受的，而又不願與別人分享，成了糟蹋和浪費，正如他說：「超過他的正當財產的範圍與否，不在於他佔有多少，而在於是否有甚麼東西在他手裏一無用處地毀壞掉。」[24] 而聖法蘭西斯為要努力效法基督，不單沒有以為擁有屬於自己的，還把一切物品視為借來的東西——是借來的，不是擁有的。他認為今天「擁有的」，均是從基督處借來的，而窮人就是基督，故此，凡見到窮人而不歸還的便是小偷；一切都是外借的，到期日就是當我們見到一位比我們更窮的人為止，就要還給他們。了解這樣「借」的觀念，我們才可以明白為何聖法蘭西斯為了賙濟窮人，可以把聖壇前的新約也給予窮人，讓窮人賣掉為生，因他說：**「因為新約告訴我應援助窮人，我相信行哀矜較諸讀聖經更中悅天主。」**[25]

正因為神貧是一無所有，又一無所愛，故既不怕有所失落，又不想佔有甚麼；如此，任何環境、際遇對追求神貧的人來說都是安全的，無用害怕，亦毫不分心，可以一無牽掛的自由自在地生活。如果說得比較「禪」一點：當一個人堅持不擁有任何事物的所有權時，他在主裏才充足地佔有一切。像主耶穌說：「你們貧窮的人有福了！因為上帝的國是你們的。」（路六 20）

C. 貧富均可見主恩

在此必須指出的是，雖然聖法蘭西斯是追求絕對的貧窮，好像是憎惡物質世界，但實情卻是他熱愛這個上帝所創造的世界，稱太陽、風、火為兄，又稱月、水、地、死亡為姊，[26] 吩咐燕子安靜，向禽鳥講道，[27] 又與狼立約；[28] 他不恥為伍的不是物質世界，而是人心裏的無限物慾追求，從而蒙蔽了我們追求效法主耶穌的心。[29]

我們同時需要肯定聖法蘭西斯並沒有蔑視富有人：假如上帝叫你富有，你便應感謝主而欣然接受富有，正如聖法蘭西斯並沒有拒絕有錢有勢的人的接濟和幫助——他並不鄙視富有人。[30] 他反對的是以富人的價值觀為普遍價值觀，以為富有就是上帝祝福，貧窮就代表沒有蒙福（甚至咒詛），而不懂貧窮同樣具有上帝賜福的印記。一個願意貧窮的人，一個不把貧窮與富有二分的人，接受上帝可以叫人貧窮，又可以叫人富有，不再成為財富、物質的奴隸，不再以「我的」（mine）來定義「我」（I），安心過上帝安排的生活，如此他就是一個擁有真實生命的人。

可是，叫世人享安樂、過富有的生活是容易的，世人沒有多少個懂得質疑富有是否必然代表蒙福；正因此，聖法蘭西斯看到大部分人的心態是傾斜於富有的追求，反倒失卻了生命的自由——就是以為富有是蒙福，貧窮是咒詛，而不知不論是富有或貧窮，均有上帝的祝福同在。因此，他才矯枉過正地反對人擁有物質和金錢。例如有一次，當聖法蘭西斯跟修士馬錫歐往法國傳揚福音時，他們按常到處討飯，聖法蘭西斯為討得的食物顯出極大的快樂，甚至以「財寶」來形容。馬錫歐大惑不解，以為他們沒有桌子、刀匙、俎豆、盤碗、房舍、几案、僕人，這些討回來的東西怎可說是「財寶」呢？——馬錫歐正是以富有人的價值觀來看待世間的事情。但聖法蘭西斯卻指出，他們有上帝所造的光滑石頭為桌子，有清泉之水取之不盡，又有上帝為他們預備食物，正反映「在貧窮中我們有上帝服事我們」的寶貴——這是缺乏者貧窮人才容易領略到、感受到的恩典。[31]

聖法蘭西斯的逆向反思，指出貧窮其實是我們需要追尋的目標，貧窮可以叫我們效法基督、關愛所有人（包括卑微的貧人），甚至連痲瘋病人也可以照顧。正如在《不具教宗諭令會規》第九章裏，他說：「他們應以能與卑賤者、為人所不齒者、貧苦者、殘廢者、病患者、癩病人及街頭的乞丐為榮。」[32] 有一顆追求貧窮的心（不論在現實世界是富有還是貧窮的人），可以叫我們的生命脱離一切的牽掛，與上帝及世上所有的人沒有阻隔，可以有動力去愛自己、愛上帝和愛別人。因此，在這個充滿追求財富、成就的世代，貧窮更見是福音裏一個十分重要的內容，因它把我們從世間的物慾牽引中釋放出來，能過自由自在的生活，正如聖法蘭西斯總結説：

> 是的！這本是天上的德性，有了它然後一切屬乎地上的寶藏便成了只配踐踏丟棄的過目煙雲；有了它然後一切牽掛才得以割捨一空，使靈魂與永生的上帝無間無礙地合而為一。……這德性能使一切愛它的人靈魂升天而毫無障礙，因為它能為人保護那真仁愛和真謙卑的武裝。……願主因為他自己聖潔的憐憫保證我們，叫我們逐漸長進，對於這個最寶貴而最可愛的福音——貧窮，成為有資格的真實愛慕者、跟從者，和謙謙卑卑的門徒。[33]

五 結語

筆者並非要反對財富（至少筆者要承認自己亦擁有財富，雖然只是很少），更不是要指責擁有財富的弟兄姊妹；筆者不過是藉聖法蘭西斯的神貧，跟讀者們在生命與成就上來一個結構性的逆向反思：財富並不等於成就，成就並不等於生命。保羅曾說：「我知道怎樣處卑賤，也知道怎樣處豐富；或飽足，或飢餓；或有餘，或缺乏，隨事隨在，我都得了祕訣。」（腓四 12）基督徒的生命應是可富可貧的生命，一種真正自由的生命：上帝賜我豐富、飽足、有餘，我感謝主；上帝賜我卑賤、飢餓、缺乏，我亦感謝主，但兩者均學習聖法蘭西斯的神貧所帶來的生命，享受主所賜的，學效主的模樣。我們真正的成就是效法主的生活，愛上帝愛人，同時懂得享受生命裏每一個過程，不論貧富，不論成敗，好好生活，不在乎家道是大、豪、多、富抑或小、簡、少、貧——生命不勝於飲食嗎？生命不勝於財富與成就嗎？

另外，筆者反對「賺到盡」的價值觀念，認為「社會良心」雖然在今天的世代被忽視，但作為基督徒的我們，是否可以較一般人的標準為高呢？我們可否先認同自己無須「賺到盡」，可以讓別人同樣分享社會發展的成果呢？「一將功成萬骨枯」，我們的成就（尤其指在財富上的成就），往往藉由擊倒別人而獲得。我們可以成功，但是否可以不叫別人跌得那麼「傷」呢？記得幾個星期前，在香港政府及立法會議員透露可能立法限定最低工資的訪問中，一名老闆表達假若真的立法，他便會辭退年紀大的員工，理由是既然都是要給予最低工資，為何不聘請一名年輕的員工呢？筆者在此不欲討論這名老闆是否年齡歧視，而是歎息他的「賺到盡」心態，難道他對這些年長的員工沒有感情的嗎？他們只是他用來賺錢的工具，當有更佳的工具選擇時，落後的工具就理所當然被淘汰？不是的！他們是人，擁有上帝的形象，理應被尊重，享有最低的生存條件——筆者欣賞聖法蘭西斯的神貧追求，因知道他追求背後的原因；但筆者卻徹底反對我們可以有權要求別人追求神貧，導致別人生活困苦！

雖然聖法蘭西斯的神貧觀念不容易為我們所接納，尤其是他矯枉過正的要求；但正如筆者在前所強調的，神貧思想可能有值得商榷的餘地，並非普遍的真理，但至少對我們今天的基督徒來說，有一定的啟迪作用。我們不為物慾所困，樂於現狀，幫助別人，在社會追求公義、和平、仁愛，願意與人分享所擁有的。有時，當一個人落入真正的貧窮時，他／她才可以看到許多以前看不見的東西。筆者曾聽某弟兄的分享，以前為名為利而忙碌，完全忘記家人，直到有朝被公司裁員，才發現自己對家庭的疏忽——貧窮給予他一個空間來思想生命。不錯，有錢可以買到很多名貴的食物，但未必買得到健康的腸胃；有錢可以有寬敞的大牀，但未必有安眠。筆者曾聽一位投資人說：「食得好或睡得好，你選哪樣？」

當然，大、豪、多、富並非有罪，但人生目標只有追求大、豪、多、富，生命的質素就嚴重缺欠。筆者眼見不少追求大、豪、多、富的價值觀在教會裏被包裝成屬靈的追求：獲利是上帝的賜福，擁有大的教會是把天國擴展，事業有成是祈禱的結果……，筆者不是說這些都必然是假的，但正如聖法蘭西斯的以為，究竟有多少是真的？有多少不過是反映我們被現世追求大、豪、多、富的意識形態所潛移默化的呢？

所以，筆者欣賞聖法蘭西斯以小、簡、少、貧為美，攻克己身地踐行上帝的要求。筆者又記得曾經聽到一位屬靈長者所說的智慧話：「大未必不好，但細就肯定是好！」筆者曾看過一張短短的宣傳單張，關於美國某間細小的基督教學院（college），它就是推銷自己的「小」——「小」自有它的好處。最後，筆者願意在此跟各位分享它的內容：

> XXX學院——一所細小卻有大召命的學校
>
> 在XXX學院，我們的特色從規模開始，就是「細小」。這代表你能在此做一些在宏偉的大學裏所不能做的事，例如步行往課堂，認識所有同學的名字，又或獲得教授一對一的時間。當你獲得這些時，你同時獲取在其他地方所能提供的最好人文學科教育，又生活在基督教的奉獻環境下。請考慮XXX學院，它雖然細小，卻大大不同。

註 釋：

1. 豪華裝修之意。
2. 張桂敏：〈逆向思維與道家的教育智慧〉，刊於《中國宗教》，第 1 期（2008 年 1 月），頁 35。
3. 〈逆向思維法〉，參網址：http://wiki.mbalib.com/wiki/E9%80%86%E5%90%91%E6%80%9D%E7%BB%B4%E6%B3%95；瀏覽於2008年9月25日。
4. 勞思光：《新編中國哲學史（一）》（台北：三民書局，1984），頁 238～241。
5. 參陳鼓應：《老子註譯及評介》（香港：中華書局，2005 再版），頁 206。
6. 牛市（bull market）是指股票市場內充滿樂觀的情緒，在一段頗長時間中股票價格和指數均反覆地上升；而熊市（bear market）則充斥著悲觀的情緒，在一段頗長時間中股票的價格和指數反覆地下跌。
7. 參科斯托蘭尼（André Kostolany）著，林瓊娟譯：《一個投機者的告白之證券心理學》（台北：商智文化，2002），頁 123～129，192；艾里士（Charles D. Ellis）著，曾憲冠譯：《買市才會贏：成功投資終極策略》（香港：天窗出版社，2008），頁 208～210；李書田：〈巧用逆向思維：理財賺大錢〉，刊於《價格與市場》，第 2 期（2005 年 2 月），頁 22。

8. 「權能時間」是一個在香港電視台播放的節目，主要播放美國水晶大教堂以前的主日崇拜。
9. 參蕭律柏（Robert H. Schuller）著，王一平譯：《可能！》（香港：亞洲歸主協會，1976），頁 6～24。
10. 可參《可能！》一書，亦參蕭律栢著，雋思譯：《強者——逆境不再，強者永在》（香港：亞洲歸主協會，1990）。
11. 至少可分為方位逆向法、屬性逆向法、因果逆向法、心理逆向法、心理逆反法、對立互補法，參王健等：〈逆向思維——一種方法論〉，刊於《發現》，第 6 期（2008 年 6 月），頁 50～53。
12. 參關啟文：《我信故我思——真理路上的摯誠探索》（香港：學生福音團契出版社，1999 二版），頁 222～238。
13. 對蕭律柏的成功神學的嚴厲批評，參網址：http://www.obadiah2004.com/issue0050502/hk.htm；瀏覽於 2008 年 9 月 23 日。
14. 引自張力揚：《生態守護者法蘭西斯的心靈世界》（台北：雅歌出版社，1998），頁 77。
15. 薛拉諾的多默（Thomas of Celano）著，韓山城譯：《聖方濟傳》（出版地點不詳：安道社會學社，1977），頁 17。
16. "The Rule and Life of the Friars Minor (1223)," in Marion A. Habig, ed., *St. Francis of Assisi, Writings and Early Biographies: English Omnibus of the Sources for the Life of St. Francis* (Chicago: Franciscan Herald Press, 1973), 38.
17. 有關聖法蘭西斯的詳細生平，可參 Thomas of Celano, "First and Second Life of St. Francis" 和 St. Bonaventure, "Major and Minor Life of St. Francis" in Marion A. Habig, ed., *St. Francis of Assisi*, 177～851。
18. 薛拉諾的多默：《聖方濟傳》，頁 44。
19. 「對機」是佛家的觀念，指按聽眾／受眾的特殊環境、文化、背景、傳統與質素的需要，給予適當的開示；這樣的開示未必具有普遍性（即未必合適於所有人），但卻對當時的受眾來說是最恰當的。參吳汝鈞編：《佛教大辭典》（北京：商務印書館，1992），頁 504。
20. 薛拉諾的多默：《聖方濟傳》，頁 118。
21. 柏夫（Leonardo Boff）著，高達德譯：《方濟：力量與溫和》（台北：至潔有限公司，2003），頁 80～89。
22. 柏夫：《方濟：力量與溫和》，頁 120。
23. 張力揚：《生態守護者法蘭西斯的心靈世界》，頁 80。

24. 洛克（John Locke）著，葉啟芳、瞿菊農譯：《政府論次講》（台北：唐山出版社，1986），頁 29～30。
25. 柏夫：《方濟：力量與溫和》，頁 116。另參薛拉諾的多默：《聖方濟傳》，頁 168～170。
26. 參聖法蘭西斯所寫的《萬物頌》，載於詩歌集《普天頌讚》第 19 首〈太陽頌〉，或新版《普天頌讚》第 33 首〈寰宇羣生歌〉。
27. 法蘭西斯修道會編，張伯懷譯：《靈花：聖法蘭西斯行傳》（香港：基督教文藝出版社，1998），頁 86。
28. 法蘭西斯修道會編：《靈花：聖法蘭西斯行傳》，頁 109。
29. 翟邁理（Agostino Gemelli）著，胡安德譯：《方濟精神》（台北：聞道出版社，1975），頁 31。
30. 翟邁理：《方濟精神》，頁 32。
31. 法蘭西斯修道會編：《靈花：聖法蘭西斯行傳》，頁 70～71。
32. 引自柏夫：《方濟：力量與溫和》，頁 107。
33. 法蘭西斯修道會編：《靈花：聖法蘭西斯行傳》，頁 72～73。

聖道．瑪門——聖經中的財富觀

3 初探新約的財富觀

邵樟平

一 引言

不久之前，學者巴塞洛繆（Craig Bartholomew）曾提到，「有一把愈來愈嘹亮的聲音發出警告：基督徒正在讓消費主義模塑他們的核心價值觀；而不是讓基督徒視角模塑他們的消費。」[1] 這個警告可以説是切中了西方基督教的要害，同時，亦切中了香港基督徒的要害。這是所有生活在繁榮富裕社會的基督徒都必須留心去聽的一個警告。不過，當我們嘗試去聽清楚這個警告時，我們便會發現，這個警告其實是關乎一個更為根本的問題，那就是財富的問題。消費主義的重點是甚麼？當然是消費。而消費之所以能夠暢順運作，其過程必定與財富的運用或金錢的運用不可分割。

早在巴塞洛繆幾十年之前，梅頓（Thomas Merton）修士已提到了一個與上述的警告似乎隱隱呼應的觀察。梅頓以其鋭利的洞察力指出：「在現今社會裏，金錢所扮演的角色，就像聖靈在教會中所扮演的角色一樣重要。」[2] 只是這麼簡簡單單的一句話，梅頓便將金錢在社會中的支配性地位和巨大的能力表露無遺。梅頓看得十分清楚，金錢不是別的東西，金錢乃是上帝；並且，金錢不單擁有了上帝的地位，同時，它亦擁有了上帝的能力。

不論是梅頓的觀察，抑或是巴塞洛繆所提到的警告，他們都指出了一個事實，就是信徒應當如何看待金錢，是今天的信徒不能逃避的一個重要課題。筆者認為，信徒若要認真看待巴塞洛繆和梅頓的講話，我們首先就要去弄清楚，聖經對財富和金錢的看法。筆者這篇文章便是嘗試對新約的財富觀作一初步的探索，望能為信徒提供這方面的一些基礎性的材料，好助他們作更深的反思。

二 新約中出現的「金錢」字詞組

筆者認為，我們若要去了解新約的財富觀，[3] 首先要去做的，就是找出財富這個觀念在新約出現的情況。我們若要找出財富的觀念，就需要透過找出與這個觀念緊密相關的字詞組彙。我們若缺少了這方面的基本資料，便很難客觀地理清新約的財富觀；其結果便是，我們只能靠著對一些經文的主觀感覺，去就財富觀這個課題加以發揮，這並不是一個理想的做法。因此，我們在這一節便會先作一些基本的資料搜集，然後，在下一節，再以這些資料為基礎，附加上一些明顯與財富有重要關係的經文，去嘗試勾勒出新約的財富觀。

在新約中，與財富觀緊密相關的字詞組彙應有不少，但是由於篇幅所限，這裏只選擇了「金錢」這個字詞組來探討。筆者的做法是這樣：首先，選取了三個相當通用的英文聖經譯本，[4] 再找出它們在新約中出現「金錢」（“money”）一詞的情況；[5] 然後，從最少有兩個譯本同時譯作「金錢」的經文中，去尋找原文與財富／金錢有關的字詞組。以下便是由這個方法所得出的結果。

英文聖經將希臘文新約聖經翻譯成英文的「金錢」一詞的字詞有八個之多，而這八個字詞在新約出現時卻不是每一次都有「金錢」的意思。ἀργύριον（*argyrion*）應該是新約中最多被翻譯成「金錢」[6] 的一個字。例如，在耶穌所講的按才幹接受託付的比喻中（太二十五 14～30 和路十九 11～27），主人便是將這些「金錢」託付他的僕人打理，並期望他們對這些「金錢」善加營運，好得回合理的回報。此外，祭司長和長老收買猶大出賣耶穌的「金錢」（太二十七 6；可十四 11；路二十二 5），以及他們收買兵丁對耶穌復活一事作假見證的「金錢」（太二十八 12、15），都是用上這一個字。

由 ἀργύριον（*argyrion*）這個字所組成的三個複合名詞亦被英文聖經翻譯成「金錢」一字。φιλάργυροζ（*philargyros*）是一個形容詞，它的意思是「貪錢的」。[7] 這個字在新約出現的次數只有兩次。一次是路加福音用它來形容法利賽人，稱他們是「貪錢的」（路十六 14）；另一次是保羅所提到的，人變成「貪錢的」是末世來臨的一個特徵（提後三 2）。[8] φιλαργυρία（*philargyria*）是一個名詞，它的意思是「貪錢」。[9] 這個字在新約只出現了一次，保羅指出「愛錢」這個行為，是罪惡的根源。ἀφιλάργυροζ（*aphilargyros*）是一個形容詞，它的意思剛好與 φιλάργυροζ（*philargyros*）的意思相反，是指到「不貪錢的」。[10] 這個字在新約出現了兩次。一次是保羅提到，這是作監督的人應具備的資格（提前三 3）。另一次是希伯來書的作者提醒收信人，要以「不貪錢」為生活的方式（來十三 5）。

另一些被翻譯成「金錢」的字，其中有 χαλκός（*chalkos*），它在新約出現的次數不多，其中只有兩次是明顯指到「金錢」。[11] 一次是耶穌差十二門徒去傳道時，囑咐他們不要帶「錢」（可六 8）；另一次是耶穌看人將「錢」投入銀庫的情況（可十二 41）。另一個字是 χρῆμα（*chrēma*），[12] 它在新約出現的次數亦不多。[13] 它被用來指到信徒買田地得來的「錢」，供使徒運用（徒四 37）；以及西門嘗試用「錢」來買彼得賜下聖靈的能力（徒八 18、20）。δηνάριον（*dēnarion*）是另一個「金錢」的字，在新約中出現的次數較多。[14] 它是羅馬的基本錢幣，[15] 是指到當耶穌被法利賽人和希律黨人質問應否納稅給凱撒時，他要他們拿出來的一個「銀錢」（太二十二 19；可十二 15）；它亦被用來指到，工人所得的工資是「一錢銀子」（太二十 2、9～10、13）；以及，耶穌在好撒馬利亞人的比喻中，那個撒馬利亞人留給店主作為照顧那傷者之用的「二錢銀子」（路十 35）。最後要指出的一個「金錢」的字是 ἐργασία（*ergasia*）。[16] 它在使徒行傳中的出現，一次是指到一個被鬼附的使女，令她的主人大得「財利」（徒十六 16、19）；另一次是指到以弗所的銀匠如何因為製造銀龕而「發財」（徒十九 24～25）。

三 新約對財富的幾個根本觀念

1. 金錢是社會運作的根本元素

金錢是甚麼？新約似乎沒有直接回答這個問題。但是，從以上所得的基本資料，我們可以看出，新約基本上接受金錢是社會運作的一個根本元素。金錢是人的工資。一個人透過工作，便可以得到金錢作為回報，不論是小的回報，如工人在葡萄園工作所得到的「一錢銀子」（太二十 2），抑或大的回報，如以弗所銀匠因為製造銀龕而「發財」（徒十九 24～25）。

金錢是做買賣的媒介。巴拿巴賣了他的田地，他便收回應得的價銀，同樣的，亞拿尼亞和撒非喇賣了他們的田產，他們亦收到了應得的價銀（徒四 36～五 2）。另一方面，人可以用金錢來購買東西。當耶穌要給五千人食物吃時，門徒便回應：「我們可以去買二十兩銀子的餅給他們吃嗎？」（可六 37）金錢是可以用來購買食物的。更有甚者，西門竟然想到用錢來購買賜下聖靈的權柄：「西門看見使徒按手，便有聖靈賜下，就拿錢給使徒，說：『把這權柄也給我，叫我手按著誰，誰就可以受聖靈。』」（徒八 18～19）

金錢是投資的工具。人可以運用金錢來賺取更多的金錢。耶穌在按才受託的比喻中所提到的那個主人，便是將錢看成是投資的工具。他先將錢分給三個僕人，然後在一段時間之後，便回來看看那些僕人投資的回報。他對第三個僕人的責備，便將金錢的這種投資作用清楚表明了出來：「〔你〕就當把我的銀子放給兌換銀錢的人，到我來的時候，可以連本帶利收回。」（太二十五 27）

金錢是人參與宗教和盡國民責任的管道。耶穌有一次，坐在聖殿銀庫的對面，要看人怎樣將錢投入庫中（可十二 21）。投錢入庫乃是人參與宗教活動的途徑，錢在宗教活動中扮演著重要角色。另一次，當耶穌被人質問「納稅給凱撒可以不可以？」時，他的回應是，要求那些質問他的人「拿一個銀錢來」。然後，他便回答說：「凱撒的物當歸給凱撒。」（可十二 14～17）從這個事件，我們可以看出，以金錢來納稅是正當的做法，這是國民當盡的義務。

當我們嘗試去了解新約的財富觀時，我們似乎不可能抽離在這裏所描寫的金錢的根本角色。這是新約對金錢的一個共識。由這個角度來看，金錢對人和對社會都起著十分重要的作用，而這些作用亦可以說，基本上是正面的。有學者指出兩約之間的猶太人對財富的看法，很可能會受到希臘柏拉圖主義的二元觀所衝擊，而將非物質的理型與屬物質的金錢對立起來，將前者看成是終極的美善，而將後者看成是邪惡的東西。然而，在我們查考過新約之後，便會發現新約基本上沒有這種透過柏拉圖式的二元對立觀來看金錢的傾向，相反，新約對金錢的那些基本角色是予以肯定的。這可能正正反映出新約基本上是以舊約的創造觀去看待金錢，看它是被造物的一種，它的本質乃是美好的。[17]

2. 金錢的有限性：沒有自保和永存的能力

這一種對金錢的看法，其實是與前面一種看法緊密相連的。金錢就好像其他被造物一樣，在世界中佔有它的位置，扮演著它的角色。金錢既然是被造物的一種，它亦分享了被造物的有限性，它既不能自保，亦不能永遠長存。在耶穌的一句有關金錢的決定性講話中，金錢的有限性便表露無遺；耶穌說：「不要為自己積攢財寶在地上；地上有蟲子咬，能銹壞，也有賊挖窟窿來偷。」（太六 19；參路十二 33）

對於耶穌這句談論財寶的重要講話，梗慈（Robert Gundry）的解釋是將焦點放在積聚財富，與貪心和憂慮的關係之上。他說：「前一段經文提到的賞賜，引致禁止因為貪心和憂慮而去積聚財富。」他繼續指出：「在馬太，耶穌的門徒要以天上的財寶來代替地上的財寶，是為了避免貪心和憂慮。」[18] 梗慈很明顯是想要透過上下文來凸出這句話的重點是落在貪心和憂慮之上。因為上文（太六 1～16）是講天父的賞賜，而下文（太六 25～34）是講憂慮的問題。不過，梗慈這種解釋，似乎忽略了一個更根本地貫通整個第六章的主旨，那就是「人為自己可以做甚麼？」的問題。而耶穌指出的全部是兩方面的強烈對比：得人的賞賜或得上帝的賞賜；積財寶在地或積財寶在天；去憂慮或不去憂慮等。因此，耶穌那句論財寶的講話，更應透過「人為自己可以做甚麼？」這個主旨來了解。如此一來，這裏所提到的財寶的問題，便不在於它是源於貪心，抑或是它會引來憂慮。反而，耶穌是要直指財寶本身的一個特性，來回答那個「人為自己可以做甚麼？」的問題。

因此，這句話的重點並不是如孝克（Friedrich Hauck）所說的：「耶穌繼承猶太人的意象和教訓，指出人不應積聚地上和物質的東西，而應透過做好行為，將財寶積聚在天上」。[19] 而是如其他學者所指出的：「地上的財寶不能給人永恆的安全或滿足」，[20]「地上的財寶是如此短暫、如此容易失去」，[21] 才是這裏的重點所在。格林（Michael Green）對這個重點說得十分清楚：「〔耶穌〕警告人不要將衣服放在優先的位置，因為它們會穿破，它們太容易腐爛。他警告人不要重視貴重金屬，因為它們會生銹損壞。他警告人不要將財寶放在人可以偷去的地方。」[22]

金錢固然會引起人的貪心，亦會帶來人的憂慮。但是，耶穌在這裏要指出的，其實是金錢的有限性。金錢是不能自保的，它敵不過蟲子咬、敵不過銹的腐蝕、敵不過賊人的偷竊。同時，這亦暗示了，金錢是不能永恆存留的。當人面對金錢時，便必須留心金錢這方面的性質了。

3. 金錢的被動性：善惡並存的局面

當我們閱讀新約有關金錢的描寫時，很容易便會發現到依附在金錢上的善惡二重性。這是指，金錢既可以用來行善，金錢亦可以用來行惡。當耶穌對著銀庫坐時，他看見「有一個窮寡婦來，往裏投了兩個小錢」。耶穌就對他的門徒稱讚那位寡婦：「我實在告訴你們，這窮寡婦投入庫裏的，比眾人所投的更多。」（參可十二 41～44；路二十一 1～4）在這件事情上，窮寡婦的兩個小錢，是用在對上帝的奉獻之上。金錢明顯是用在善的事情上。

這方面的例子其實很多。例如，「耶穌在伯大尼長大痲瘋的西門家裏坐席的時候，有一個女人拿著一玉瓶至貴的真哪噠香膏來，打破玉瓶，把膏澆在耶穌的頭上。」（可十四 3）這真哪噠香膏的確是一筆不少的金錢，因為它是「可以賣三十多兩銀子」的（可十四 5），然而，這個女人卻將這財寶獻給主，用在主的身上。這明顯亦是將金錢用在善事之上。另外，路加記載了，有一班婦女，她們「是用自己的財物供給耶穌和門徒」（路八 3）。這裏又是用金錢來作善事的事例。

至於用金錢來做惡事的，在新約中的例子亦有不少。在這裏只舉出兩個十分有代表性的例子。第一個例子是耶穌的門徒猶大，他為了金錢而出賣自己的老師。聖經記載：「〔猶大〕去見祭司長，說：『我把他交給你們，你們願意給我多少錢？』他們就給了他三十塊錢。」（太二十六 14～15）第二個例子是祭司長和長老，聖經記載他們用錢收買兵丁作假見證：「祭司長和長老聚集商議，就拿許多銀錢給兵丁，說：『你們要這樣說：「夜間我們睡覺的時候，他的門徒來，把他偷去了。」……』兵丁受了銀錢，就照所囑咐他們的去行。」（太二十八 12～15）

至於在新約中呈現出金錢的善惡二重性的最鮮明例子，莫過於馬太福音中兩段關於兩名財主的敍事。首先是馬太福音十九章 16 至 24 節這段經文。這裏記載了一位財主詢問耶穌：「該做甚麼善事才能得永生？」當耶穌回答是要「變賣所有分給窮人，來跟從我」之後，那財主便憂憂愁愁的離開了。馬太便加上一句補充：「因為他的產業很多。」然後，記載了耶穌對這事的評論：「財主進天國是難的……駱駝穿過針的眼，比財主進上帝的國還容易呢！」這裏的金錢對於財主來說，肯定是惡的，因為金錢成了他進入上帝的國的障礙。

第二段經文是馬太福音二十七章 57 至 60 節。這裏又是記載了一位財主的事迹。這位財主的名字是約瑟，他乃「是耶穌的門徒」。他向彼拉多求了耶穌的身體，「用乾淨細麻布裹好，安放在自己的新墳墓裏」。這裏的金錢對於這一位財主來說，卻不能算是惡的，金錢並沒有構成他作耶穌門徒的障礙，相反，金錢在他的手中，卻能為耶穌作了一件美事，既能將耶穌的屍體用細麻裹好，又能將它安放在新墳之中。

在同一卷福音書中，記載了同樣是財主、同樣是擁有大量金錢的兩個人。就前者來說，金錢對他是一件惡的東西；但是，就後者來說，金錢對他卻是一件善的東西。由此可見，新約所描述的金錢，它的本質是中性的，既非善，亦非惡。金錢的善惡，一概在於人如何來運用它。

4. 金錢的禍害性

我們若說金錢的本質是中性的，那麼，金錢是否會為人帶來禍害呢？我們在下面便要指出，金錢的確是會成為人的禍害的。

A. 當人將金錢的豐富看成是生命的豐富

在新約中，我們會看見關於這方面的兩個典型例子，一個是出自路加福音，另一個是出自啟示錄。在路加福音十二章 13 至 21 節，我們看見有一個人請求耶穌吩咐他的哥哥與他分家產。耶穌於是便對那人講了一個有關「無知的財主」的比喻。這個比喻的重點是，那個無知的財主以為，他有許多財物積存，可供他多年的花費，他的靈魂便可以「安安逸逸地吃喝快樂」了。對他來說，金錢富足，生命便自然會安逸快樂了。但是，事實卻並非如此。首先，財富與靈魂的關係其實是很鬆散的，財富並不能保護靈魂令它繼續存在，而靈魂亦不能保存財富令它永遠屬於自己。故此，以金錢的富足來緊緊扣起生命，以為這樣便能夠安逸快樂，這是無知的想法。其次，財富並不能幫助一個人在上帝面前被稱為富足。人生命的富足，從上帝的角度看，並不是與人的金錢是否富足掛勾的。這是那個財主第二方面的無知。

因此，這個比喻的總意，其實是在耶穌講比喻前的一句話：「人的生命不在乎家道豐富。」（路十二 15）馬素爾（I. Howard Marshall）對這句話的解釋是：「一個人的真正生命，並不是靠他產業的豐盛。」[23] 莫理斯（Leon Morris）更指出，耶穌在這裏是宣佈一個原則，那就是：「一個人的生命，並不是由他的豐富家產所構成。」[24] 若人不明白這個原則，而愚昧地以金錢富足來等同生命的富足，那麼，金錢便會成為他的禍害了。

另一個例子是啟示錄提到的老底嘉教會。經文提到老底嘉教會因為她有很多財富而自滿自足：「我是富足，已經發了財，一樣都不缺。」（啟三 17）若從錢財的角度看，老底嘉教會對自己的認識是準確的，因為老底嘉教會應該是很富有的教會。一位釋經學者便指出：「老底嘉教會所在的城市，是這個地區中最富有的一個。……她在經歷了西元六十年的大地震之後，拒絕羅馬的援助，靠著自己的力量而重新站立起來。……在大地震之後，老底嘉人除了重建城市之外，也興建了劇場、體育館、防禦性的城門和塔樓，以及人人都可以享用的公眾浴池等等。」[25] 老底嘉教會這裏的自誇似乎是沒有誇大的。

但是，發信給老底嘉的那一位對她的真實景況，卻有另一番看法：「卻不知道你是那困苦、可憐、貧窮、瞎眼、赤身的。」（啟三 17）為何這個看法跟老底嘉教會對自己的看法會如此不同？問題究竟出在哪裏？

問題出在老底嘉教會以為自己有了錢（富足、發了財）和有了物質（一樣都不缺），就等同她的生命亦是富足了，亦是一無所缺了。這是一種大錯特錯的看法。發信人在這裏清楚指出，地上的金錢財富，與一個人的生命是否富足，是沒有關係的。兩者是不可以混淆的。就算以老底嘉這個金錢富足的教會來說，她的真實生命卻仍舊是一貧如洗的。她在金錢上富足，但是在生命上卻是困苦貧窮；她在物質上一無所缺，但是在生命上卻是缺衣缺藥。金錢上的富足，絕對不能等同於生命的富足。

金錢本質上並不是惡的，但是，它卻可以為人帶來禍害，那就是當人看錯了金錢與自己生命的關係。人若以金錢的多少來衡量自己的生命是否豐富，他就必然會誤解生命，對生命本質的一些更重要的問題忽略了。以致人會看不出生命必須要面對永恆和面對上帝的問題。金錢若導人進入這樣的一個迷途，金錢便成為了人的禍害。

B. 當人容許金錢牽動自己的私慾

從提摩太前書六章 9 至 10 節，我們可以看出金錢的另一個重大的禍害。經文首先指出：「那些想要發財的人，就陷在迷惑、落在網羅和許多無知有害的私慾裏，叫人沉在敗壞和滅亡中。」接著又指出：「貪財是萬惡之根。有人貪戀錢財，就被引誘離了真道，用許多愁苦把自己刺透了。」這兩節經文指出錢財的破壞力，乃是十分驚人的。它會將人的生命完全的毀掉：「沉在敗壞和滅亡中」；它會引人離開信仰：「離了真道」；它會領人進入極大的痛苦中：「許多愁苦把自己刺透」。

我們可以很簡單和很表面的從這段經文推論出金錢本身是嚴重有害的，但是，我們若嘗試更深入的了解保羅的教導，我們便會發現，保羅要指出的問題，其焦點並非金錢，而是人本身。人會陷入禍害之中，是因為他「想要」發財。《和合本》聖經的「想要」，是對原文的一個比較溫和的譯法；但是，《呂振中譯本》卻將它翻作「定意要」，《新耶路撒冷聖經》（New Jerusalem Bible）譯作“long to”（渴望）；《修訂標準譯本》（Revised Standard Version）譯作“desire to”（慾望）。從後三個翻譯，我們可以看出，這個動詞要表達的意思其實是十分強烈的。金錢的問題並不是在它本身，而是在於人定意要、渴望要、滿有慾望的要去獲取大量的金錢，那麼，金錢便會令人陷入極大的禍害之中。

C. 當人為金錢去剝削別人

雅各書五章 1 節應該是新約中，其中一個最明確對有錢人的警告：「嗐！你們這些富足人哪，應當哭泣、號咷，因為將有苦難臨到你們身上。」我們若單獨看這個警告，可能會以為雅各是在針對財富本身，指出財富的不好。但是，我們若進一步看下去，便會發現，問題並不是財富本身，而是在那些有錢人「在這末世只知積攢錢財。工人給你們收割莊稼，你們虧欠他們的工錢」（雅五 3～4）。

首先，我們要問：「在這末世」的人應該是怎樣生活的呢？對於這個問題，施洗約翰與百姓的一番對話和初期教會的實際生活，為我們提供了很好的答案。當約翰以末世基督的先鋒出現在約旦河一帶為人施洗時，路加福音記載了，先後有眾人、稅吏和兵丁向約翰發出了同一個問題：「我們當做甚麼呢？」（路三 10、12、14）問題的意思是：「末世要臨到了，我們當做甚麼呢？」約翰的回答十分直接和簡單。對於眾人，他的回答是：「有兩件衣裳的，就分給那沒有的；有食物的，也當這樣行。」（路三 11）他對稅吏的回答是：「除了例定的數目，不要多取。」（路三 13）他對兵丁的回答是：「不要以強暴待人，也不要訛詐人，自己有錢糧就當知足。」（路三 14）從施洗約翰的教導來看，末世的生活就是關心別人、愛顧別人和為別人作出貢獻。而這種末世的生活方式，恰恰就是初期教會的生活寫照：「信的人都在一處，凡物公用，並且賣了田產、家業，照各人所需用的分給各人。」（徒二 44～45）「那許多信的人都是一心一意的，沒有一人說他的東西有一樣是自己的，都是大家公用。……內中也沒有一個缺乏的；因為人人將田產房屋都賣了，把所賣的價銀拿來，放在使徒腳前，

照各人所需用的，分給各人。」（徒四 32～35）

雅各責備的有錢人，是一班在末世「只知積攢錢財」的人。雅各指出他們積攢錢財，並不是要指出金錢的可惡，而是要指出那些有錢人的生活方式和心態的可惡。他們在積攢錢財的事上，反映出他們只顧自己，而沒有按末世的生活方式去關顧別人。而他們這種只顧自己，不理別人死活的心態，正正從他們尅扣工人的工資這行為上，便表露無遺。當時的工人「生活艱苦，手停口停，極需每天的工資，叫自己和家人得以糊口」，這些有錢人「剋扣工人工資，便是絕了他們一家的口糧，實與殺人無異」。[26] 但是，他們竟然可以對這些工人的處境，完全無動於衷，而繼續「享美福」、「好宴樂」和「嬌養」自己的心（雅五 5）。這是極其卑劣的生命表現。

雅各在這裏的確提到金錢可以令到有錢人不理別人的死活，但是，問題的核心不是金錢，而是有錢人的心。當這些有錢人一心要為了積聚更多的財富，而去剝削別人時，金錢便會令他們帶來別人很大的禍害。

D. 當人將金錢當作偶象來敬拜

最後，我們來到耶穌有關金錢教導的一句最有代表性的講話：「一個人不能事奉兩個主；不是惡這個、愛那個，就是重這個、輕那個。你們不能又事奉上帝、又事奉瑪門〔瑪門：財利的意思〕。」（太六 24）究竟耶穌在這句話中要教導我們怎樣看待金錢呢？

首先，我們來看一看傅士德（Richard Foster）的看法。他在《基督徒看錢、性與權勢》（*Money, Sex and Power*）一書中，就著這裏的經文，對金錢的性質提出了以下的一種見解：

> 金錢就是其中一種權力。耶穌用阿拉米語的術語「瑪門」來代表財富，便是將人性和靈氣的特性加在財富上。當祂宣稱：「你們不能又事奉上帝，又事奉瑪門」（太六 24）時，祂是將瑪門人格化，使它成為一個敵擋上帝的神明。耶穌是毫不含糊，清清楚楚地指出，金錢並不是一種不具人格的交易媒介；金錢也不是一種在道德上屬於中性的東西，更不是一種資源，任憑我們使用於有益或有害的事情上。瑪門其實是一種尋找機會來支配我們的權力。當聖經談到金錢是一種權力時並不表示金錢是一些含糊或不具人格的東西，同時也和我們所理解的能力——「購買能力」不同。根據耶穌及所有新約聖經作者的教導，金錢背後存在著一股屬靈氣的力量，它給予金錢能力，亦賦予金錢獨立的生命。因此，金錢是一種靈活的媒介，它本身是一種律，並能刺激我們對它熱愛。[27]

我們若接受傅士德的看法，便得承認金錢在本質上是惡的，因為金錢是有「獨立的生命」、是「一種靈活的媒介」、是「一種律」，最終，它是「一種尋找機會來支配我們的權力」。不過，筆者卻恐怕這樣的解釋，將過多的意思放進了一句十分簡單的講話之中。反之，布魯姆伯格（Craig L. Blomberg）的簡單解釋，可能更加合適：「因此，24 節可總結為一個人最終不能同時服事上帝和瑪門（「物質的產業」）。我們可以說，物質主義是真正基督教的單一最大競爭對手，它在今天的世界和很多有形的教會中，爭奪千萬人的心靈。」[28]

耶穌在這句話中，很可能是要提醒門徒，金錢是可以成為人敬拜的對象的，金錢的確是可以成為上帝的競爭對手的。不過，耶穌的焦點很可能不是放在金錢本質的善與惡之上，而是放在人一直以來都有的那種偶象敬拜的行為之上。人為私慾可以敬拜偶象而不敬拜上帝；人亦可以為私慾去敬拜金錢而不敬拜上帝。因此，金錢能夠成為上帝的競爭對手，是因為人的內心出了問題，而不是因為金錢在本質上有甚麼問題。

四 結語

老實說，這篇文章所得出的結果，並不是筆者在開始探索時所預期的。其實筆者在開始探索之先，便大致認定金錢是內蘊著一股邪惡力量的，它的本質是惡的。但是，當筆者展開這個初探式的研究後，卻發現若從整體的角度來了解新約對金錢和財富的看法，金錢和財富並沒有被看成是一面倒的負面的。

新約對金錢和財富的看法其實是相當平衡和中肯的，它既沒有高抬金錢的重要性，同時亦沒有刻意將金錢妖魔化或邪惡化。金錢乃是一個屬於被造世界中的一個事實，而它的存在本身，可以算是一件美事，因它會令世界運作得更好。不過，新約亦確實能讓人看出金錢的限制。新約十分清楚的指出了金錢本身是有限的，因此，人們不應將不切實際的期望放在金錢之上；同時，金錢是被動的，它本身的任何力量，其實都是要透過運用它的人，才能發揮出來的。在這些基礎之上，我們便能夠看得十分清楚，新約其實並不在意金錢本質上是善抑或是惡的問題。新約所重視的，其實人是運用金錢時所抱的心態的問題。金錢對於新約來說，乃是反照運用金錢者本身生命的一面鏡子，而不是一個引誘運用金錢者行惡犯罪的妖魔。金錢的力量是人賦予給它的。人若給它善的力量，它便能行善；人若給它惡的力量，它便能行惡。金錢的力量端在乎人一己的心。

註 釋：

1. 巴塞洛繆（Craig Bartholomew）：〈基督徒看消費主義：引言〉，載於巴塞洛繆、莫里茨（Thorsten Moritz）主編，陳永財譯：《基督徒看消費主義》（香港：基道出版社，2005），頁 9。
2. 引自傅士德（Richard Foster）著，周天和等譯：《基督徒看錢、性與權勢》（香港：基道出版社，2001），頁 3。
3. 筆者會將新約看成是一個思想一致和連貫的整體，而不是一本充滿內部矛盾的文集。這看法基本上是與賴特（N. T. Wright）對新約的看法相一致的，當他指出「這本書是由它的主而來的特殊禮物，藉著祂的靈的工作，幫助教會完成教會的責任。」、「新約乃是上帝子民的立約憲章」時，他基本上便是以新約聖經為一個思想一致和連貫的整體（參閱"N. T. Wright Page" 網站的兩篇文章："The Lambeth Conference 2008: The Bible and Tomorrow's World"和"How Can the Bible Be Authoritative?"。參網址：http://www.ntwrightpage.com/）。
4. 《新國際譯本》（NIV）、《新修訂標準譯本》（NRSV）和《修訂標準譯本》（RSV）。
5. 在《新國際譯本》中，「金錢」（"money"）一詞出現了五十四次：太六 24，二十 15，二十一 12，二十五 15～16、18、27，二十六 9，二十七 5～7，二十八 12、15；可六 8，十一 15，十二 41，十四 5、11；路三 14，七 41～42，九 3，十四 28，十六 13～14，十九 13、15、23，二十二 5；約二 14～15，十二 5～6，十三 29；徒三 3，四 34、37，五 2～4，七 16，八 18、20，十六 16、19；林前十六 2；提前三 3，六 10；提後三 2；來十三 5；雅四 13；彼前五 2。在《新修訂標準譯本》中，「金錢」一詞出現了三十七次：太十九 21，二十一 12，二十五 18、27，二十六 9，二十七 6，二十八 12、15；可六 8，十 21，十一 15，十二 41，十四 5、11；路三 14，九 3，十六 14，十八 22，十九 15、23，二十二 5；約二 14～15，十二 5；徒四 37，八 18、20，十六 16、19，二十二 28，二十四 26；提前三 3、8，六 10；提後三 2；來十三 5；雅四 13。在《修訂標準譯本》中，「金錢」一詞出現了二十四次：太二十二 19，二十五 18、

27，二十七 6，二十八 12、15；可六 8，十二 41，十四 11；路九 3，十六 14，十九 15、23，二十二 5；約十二 6，十三 29；徒四 37，八 18、20，二十四 26；提前三 3，六 10；提後三 2；來十三 5。

6. 不同的中文聖經（有時是在一個譯本之內）對這個字所作的不同翻譯有：「銀子」、「銀錢」、「錢」、「金幣」等。
7. 不同的中文聖經（有時是在一個譯本之內）對這個字所作的不同翻譯有：「貪愛錢財的」、「愛財的」、「貪財的」、「愛錢的」。
8. 學術界對保羅是否教牧書信的作者，一直爭論不休；筆者卻接納教會的傳統看法，以保羅為這些書信的作者。支持保羅是作者的詳細論據，可參看 George W. Knight III, *The Pastoral Epistles: A Commentary on the Greek Text* (Grand Rapids: Eerdmans / Carlisle: Paternoster, 1992), 21～52；較簡單的論據，可參 Gordon D. Fee, *1 and 2 Timonthy, Titus* (Peabody, MA.: Hendrickson, 1988), 23～26；John R. W. Stott, *The Message of Timothy & Titus* (Leicester: Inter-Varsity Press, 1997), 21～34。
9. 不同的中文聖經對這個字所作的不同翻譯有：「貪財」、「貪戀錢財」。在新約中只在提摩太前書六章 10 節出現一次。
10. 不同的中文聖經（有時是在一個譯本之內）對這個字所作的不同翻譯有：「不貪財」、「不貪愛錢財」、「不愛錢」等。
11. 不同的中文聖經主要將它譯作「錢」，亦有將它譯作「銅錢」。
12. 不同的中文聖經對這個字所作的不同翻譯有：「價銀」、「錢」、「銀錢」等。
13. 一共出現了六次，在路加的著作中出現了五次。
14. 一共出現了十六次：太十八 28，二十 2、9～10、13，二十二 19；可六 37，十二 15，十四 5；路七 41，十 35，二十 24；約六 7，十二 5；啟六 6。
15. 有關新約錢幣的討論，可參惠敦（D. H. Wheaton）：〈Money〉，載於《聖經新辭典下冊》（香港：天道書樓，1996），頁 183～185。
16. 它在新約只出現了六次：路十二 58；徒十六 16、19，十九 24～25；弗四 19。不同的中文聖經會將它翻譯成：「財利」、「大財」、「好多錢」、「發財」等。
17. 參 C. J. Vos, "Riches," in *The International Standard Bible Encyclopedia*, vol. 4, edited by Geoffrey W. Bromiley (Grand Rapids: Eerdmans, 1988), 187～189。
18. Robert H. Gundry, *Matthew: A Commentary on His Literary and Theological Art* (Grand Rapids: Eerdmans, 1982), 111.
19. *TDNT* 3:137.
20. Richard T. France, *Matthew*, (Leicester: Inter-Varsity Press / Grand Rapids: Eerdmans, 1985), 138.

21. Floyd V. Filson, *The Gospel According to St. Matthew* (Peabody, MA.: Hendrickson, 1960), 100.
22. Michael Green, *The Message of Matthew: the Kingdom of Heaven* (Leicester: Inter-Varsity Press, 1988), 102.
23. I. Howard Marshall, *The Gospel of Luke* (Grand Rapids: Eerdmans, 1978), 523.
24. Leon Morris, *The Gospel According to St. Luke* (Leicester: Inter-Varsity Press/ Grand Rapids: Eerdmans, 1974), 212.
25. 羅偉：《啟示錄注釋（上）》（台北：華神出版社，2007），頁 558。
26. 張略：《雅各書註釋》（香港：基道出版社，2008），頁 276。
27. 傅士德：《基督徒看錢、性與權勢》，頁 9～10。
28. Craig L. Blomberg, *Neither Poverty nor Riches: A Biblical Theology of Possessions* (Downers Grove, ILL.: Inter-Varsity Press / Leicester, England: Apollos, 1999), 132.

4 舊約智慧文學中的財富觀

張祥志

一 引言

孔子曾說「舟非水不行，水入舟則沒」，[1] 雖然原文處境乃指國家不能沒有子民，但若子民侵犯君王的管治，則國家便會傾倒，所以君子不能不去嚴厲整頓這些作反的小人。[2] 然而中國人常以「水為財」作喻，若將此句放於錢財的處境上作出理解，亦不無發人深省之處。人沒有錢不行，就像舟沒有水不行一樣；但若然金錢的概念過分侵入生命中，佔領了整個人的心靈，生命則會傾倒，就好像水入注於舟內一樣。從古至今，錢財在人類的生活中都佔了極重要的位置，不同的人對金錢亦抱有迥異的立場態度。究竟上帝對錢財的看法又如何？祂希望人類如何面對財富？本文嘗試以聖經正典中智慧文學[3] 對財富的教導為「經」，以現代社會生活處境的反省為「緯」，讓讀者對聖經的財富觀有一基礎的了解及反思。

二 有錢比沒錢強

舊約箴言中，肯定了金錢的價值：[4]

富戶的財物是他的堅城；窮人的貧乏是他的敗壞。（箴十15）
財物使朋友增多；但窮人朋友遠離。（箴十九4）
好施散的，有多人求他的恩情；愛送禮的，人都為他的朋友。（箴十九6）
貧窮人，弟兄都恨他，何況他的朋友，更遠離他！他用言語追隨，他們卻走了。（箴十九7）
貧窮人連鄰舍也恨他；富足人朋友最多。（箴十四20）
富戶管轄窮人；欠債的是債主的僕人。（箴二十二7）
貧窮人說哀求的話；富足人用威嚇的話回答。（箴十八23）

富人的財物令他有堅城、使朋友增多、多人求他的恩情、人人都為他的朋友，可管轄窮人、說話可以聲色俱厲；相反，窮人的貧乏使他敗壞、朋友遠離、弟兄恨他、鄰舍也恨他、被富戶管轄、說哀求的話。也許以上箴言的經文並沒有刻意作出一個對金錢的價值判斷，但卻表達了一個真實的狀況，就是在生活各層面上，有錢的比沒有錢的更強。這與中國人所說「窮在路邊無人問，富在深山有遠親」有異曲同工之意。基本上，箴言是肯定金錢的價值，不會視金錢為萬惡之根。而新約聖經所說「貪財是萬惡之根。有人貪戀錢財，就被引誘離了真道，用許多愁苦把自己刺透了」（提前六10），其問題也不在金錢本身，而是在「貪戀」錢財，是「人心慾望」的問題。而馬太福音中「你們不能事奉上帝，又事奉瑪門」（太六 24）也不是說人不能賺錢，而是人不應將金錢提升至偶像（瑪門）的層次，然後把它當上帝般「事奉」它。

三 貧窮與富有的基本原因

人為何會富有或貧窮？箴言有以下的理解：

1. 勤勞與懶惰

手懶的，要受貧窮；手勤的，卻要富足。（箴十 4）
夏天聚斂的，是智慧之子；收割時沉睡的，是貽羞之子。（箴十 5）
我經過懶惰人的田地、無知人的葡萄園，荊棘長滿了地皮，刺草遮蓋了田面，石牆也坍塌了。我看見就留心思想；我看著就領了訓誨。再睡片時，打盹片時，抱著手躺臥片時，你的貧窮就必如強盜速來，你的缺乏彷彿拿兵器的人來到。（箴二十四 30～34）

雖然在現代社會種種情況下，勤勞的未必一定得到富足，懶惰也未必一定招致貧窮，但「勤致富、惰致貧」這原則仍是箴言的基本態度。

2. 花天酒地，揮霍無度

根據中國《新聞晨報》一篇名為〈揮霍無度資不抵債遭經紀人財務欺騙，泰森申請破產〉的報導，前世界拳王泰森

（Michael Tyson）的身家曾至少達至三億美元，但由於揮霍無度和前經紀人管理其資產上的問題，最終走上申請破產之路。據報導，泰森一直有揮金如土的習慣，他曾經擁有六座豪宅，其中一座竟然有三十八間浴室，並經常把大量的金錢花在汽車、服裝、珠寶及寵物之上。他喜歡一擲千金的感覺，曾眼睛都不眨一下便隨手給出一萬美元的小費，開一個生日會耗資四十一萬美元，紙張和電話費花去了二十三萬美元，供養豪華轎車用去六萬五千美元，寵物老虎也花掉他八千一百美元等。[5]如此揮霍，豈不應了箴言的說話：

愛宴樂的，必致窮乏；好酒，愛膏油的，必不富足。（箴二十一 17）

3. 不義與邪惡

雖則「勤致富，惰致貧」是基本之道，但事實卻不一定如此，因為有人會破壞這原則：

窮人耕種多得糧食，但因不義，有消滅的。（箴十三 23）

世界上人貧窮的原因，相信大部分不是因為他們懶惰，而往往是因為人的「不義」。挪威籍華人作家鍾祖康在其暢銷著作《中國比小說更離奇》中寫道：

據《經濟合作與發展組織》報告指，二〇〇四年中國涉及貪污的金額就高達約四千億至近七千億元人民幣。單單廣西壯族自治區主席成克傑收賄案、江西省副省長

> 胡長清索賄案、汕頭走私案及廈門遠華案四大貪案就已經涉款近三千億人民幣……這就令人很有理由懷疑，過半中國人口窮得那麼淒涼，究竟是中國真是不得不那樣窮，還是只因為有一小撮人中飽私囊所致。[6]

當然，人以「不義」奪取別人財產並不是中國人的專利，古今中外，欺壓百姓、霸佔田產、掠奪財富、貪污腐敗、暴力剝削等在世界每一個國家都比比皆是。

四 財富的虛幻

1. 人不能享受財富，因財富會消失

> 不要勞碌求富，休仗自己的聰明。你豈要定睛在虛無的錢財上嗎？因錢財必長翅膀，如鷹向天飛去。（箴二十三 4～5）
> 我見日光之下有一宗大禍患，就是財主積存資財，反害自己。因遭遇禍患，這些資財就消滅；那人若生了兒子，手裏也一無所有。（傳五 13～14）

近年世界所發生的事件，在在都告訴我們錢財是不可靠：九一一恐怖襲擊、沙士風暴、汶川地震、美國颱風、全球金融海嘯、雷曼兄弟破產事件等。一夜之間財富變得蕩然無存並不是天方夜譚，而是人生之真實可能。

2. 人不能享受財富，因人會消失

> 他怎樣從母胎赤身而來，也必照樣赤身而去；他所勞碌

> 得來的，手中分毫不能帶去。他來的情形怎樣，他去的情形也怎樣。這也是一宗大禍患。他為風勞碌有甚麼益處呢？（傳五 15～16）

即使財富沒有失去，有時人也無法享受資財，因為財富仍在，人卻會消逝，他們勞碌得來的，手中分毫不能帶去。不論娛樂界或商界或政界，香港城中已過世的名人都為這「資財仍在，人卻消逝」的說法作出見證：李小龍、傅聲、翁美玲、陳百強、黃家駒、鄧麗君、羅文、張國榮、梅艷芳、沈殿霞、龔如心、霍英東……。以上每一位都家財千萬，但卻無緣繼續享受他們的資財，人之虛空，莫過於此。

3. 努力並不一定得到財富

> 我又轉念：見日光之下，快跑的未必能贏；力戰的未必得勝；智慧的未必得糧食，明哲的未必得資財；靈巧的未必得喜悅。所臨到眾人的是在乎當時的機會。原來人也不知道自己的定期。魚被惡網圈住，鳥被網羅捉住，禍患忽然臨到的時候，世人陷在其中也是如此。（傳九 11～12）

本段經文提及，無論是人的努力抑或是有過人的實力，也不一定保障得到資財或成功，因為努力或實力並不是成功或得資財的充分條件，除這些以外，人能否成功還要看當時的機緣或機會。中國人說成功需要三大條件：「天時」、「地利」、「人和」。「天時」指環境時機、「地利」指地方資源、「人和」則指人際關係。在這三項條件中，「天時」與

「地利」都不是人可以支配控制的，人只能順應這些機遇然後作出行動配合。在這些條件中，人能夠掌握的充其量只是「人和」，但就算是「人和」，人能夠掌握的也充其量是自己的部分，別人如何作決定，也不是我們可以控制的。人不能知道他的定期及機緣，正如魚兒不知道何時會有網來捕捉牠，又像鳥兒不知道何時會被陷阱捕住，人前面的命運就像網及陷阱一樣，是無法知道及無法掌握。一位計程車司機並不是多加一點努力便一定可多賺一些錢，因為何時會有乘客上車、車途有多遠等都不是這司機可以決定的。可能一位不太努力的司機一天的工資會比一位非常努力的司機更多，因為那天他的機緣機會比另一位好。財富乃虛幻，所言甚是。

4. 上帝可賜人財富，也可收回

> 我所見為善為美的，就是人在上帝賜他一生的日子吃喝，享受日光之下勞碌得來的好處，因為這是他的分。上帝賜人資財豐富，使他能以吃用，能取自己的分，在他勞碌中喜樂，這乃是上帝的恩賜。他不多思念自己一生的年日，因為上帝應他的心使他喜樂。（傳五18～20）

誠然，我們能夠享受生命是上帝的恩賜，這裏表達了上帝賜給人三種事情：（1）一生的日子。生命是由上帝所賜，人能夠有「一生」都是上帝的恩典，若不是上帝給人這「一生」，人根本沒有享受可言。（2）資財豐富。上帝創造人的時候，同時提供人類世上種種資源，讓人可以享受當中的美好，若上帝創造人的時候並沒有同時提供種種資源，人同樣也不能享受美好，甚至不能生存。（3）吃用及取分的能力。人能夠享受都需要上帝賜人能力才做得到。有「一生」及有「資財」並不表示人可以享受生命，因為人需要「能力」去享受。筆者所屬的教會，有一位患鼻咽癌的傳道曾在台上分享：「經過一連串的化療後，我的味覺完全失去，吃東西完全沒有味道。有一次我妻子為我做一道我最喜愛的菜，希望我可以快樂一些，可是當我吃這道菜時，我只能憑記憶去回想這道菜的味道，憑記憶去感受味道便是我的分。」今天我們能有「一生」、「資財豐富」、「能力」去享受生命，確是上帝的恩賜，我們理當存感恩的心領受，可是這又並非生命的必然，因為：

> 我見日光之下有一宗禍患重壓在人身上，就是人蒙上帝賜他資財、豐富、尊榮，以致他心裏所願的一樣都不缺，只是上帝使他不能吃用，反有外人來吃用。這也是虛空，也是禍患。（傳六 1～2）

能夠享受生命是上帝所賜，但上帝亦同時可以使人不能享受生命。上帝有權賜予，也有權不賜予；有權給我們，也有權不給我們而給別人，這是上帝的主權，也是財富虛幻的原因之一。

5. 有財富可能更麻煩

> 人的資財是他生命的贖價；窮乏人卻聽不見威嚇的話。（箴十三 8）

「資財是生命的贖價」所指的是有錢人容易給人綁架，需要贖金來換回生命，難怪城中富豪吃頓午飯都動輒用三四位貼身保鑣護駕；相反，貧窮人因為沒有錢，所以沒有這等麻煩，生命不用擔驚受怕。

6. 財富是否真正有用？

> 耶和華的名是堅固台；義人奔入便得安穩。富足人的財物是他的堅城，在他心想，猶如高牆。（箴十八10～11）

富足的人「心想」財物是他的堅城，猶如高牆，可以保障他的一切。可是這些都是他的「心想」，而非事情的真相；真正讓人得安穩的，其實是耶和華的名。人往往以為有了財富，一切生活便得到保障，透過財富便可以獲得幸福。財富或許可以某種程度保障人的生活，但生命真正的幸福，財富未必一定買得到。我們經常會聽到以下的講法：

> 有錢可以買到一張舒適的牀褥；但有錢未必買到八小時甜蜜的睡眠。
>
> 有錢可以買到一只鑽石名錶；但有錢未必買到時間。
>
> 有錢可以舉辦一個世紀婚禮；但有錢未必買到美滿的婚姻。
>
> 有錢可以買到一座豪宅；但有錢未必買到一個幸福的家庭。
>
> 有錢可以買到一套百科全書；但有錢未必買到真正的智慧。
>
> 有錢可以買到一份高值的人壽保險；但有錢未必買到生

命的保障。

有錢可以買到無數奉承者；但有錢未必買到一位真正的朋友。

財富或許可以買到幸福的「媒介」，但財富未必買到幸福「本身」，正如中國人所說「無藥能延卿相壽，有錢難買子孫賢」，幸福本身只有耶和華可以保證給我們。

7. 誰人有真正智慧？

富足人自以為有智慧，但聰明的貧窮人能將他查透。（箴二十八11）

除了「心想」財物是他的高牆和堅城外，富足人還有時會「自以為」有智慧。一般人很容易將富足與智慧連上關係：能夠富足，是因為有智慧；有智慧，才會富足。可是這只不過是一種「偽聯想」，這種「偽聯想」誠然來自現代社會的單一成功價值觀。現代社會對「成功」的衡量標準只有一個：錢！有錢等如成功，無錢便是失敗。傳媒雜誌的封面往往成為定義成功的指標。筆者在不同聚會不止一次地訪問與會者：「你認為香港最成功的人物是誰？」答案無一例外地都是說香港首富李嘉誠先生。為何人們認識李嘉誠成功？而認為他成功的標準又是甚麼？答案很簡單：有錢。現代人衡量成功的量尺不是一個人的道德價值，也不是一個人的生命情操，亦不是一個人的風骨氣節，而是有沒有錢。有錢等如成功，成功則表示他有智慧，所以「富足人自以為有智慧」。但這思想只不過是一個過分狹窄的標準價值觀念的產品，而非事實的全部。當然，能夠富足或許是因為有智慧，但富足也可能基於其他與智慧風馬牛不相及的因素所使然，如中六合彩、前人留下的遺產、樓市忽然升值等。

真正有智慧的人不是看見自己的富足，而是看見自己的貧乏。有一則故事：一位富翁帶他的兒子到一個農莊去，希望讓他體會一個貧窮家庭的景況。當兒子觀看過這貧窮的家庭生活後，便說：「我明白甚麼叫貧窮了！我們只有一隻狗，但他們有四隻狗；我們的花園有五十米長的游泳池，他們有無盡無限的海灘；我們有進口的水晶燈，他們卻擁有無數閃亮的星星；我們有幾十畝的園地，他們卻遊牧在一片無際的草原；我們有工人來服事我們，他們卻樂意地去幫助別人；我們用牆來保護自己，他們卻有朋友保護他們。我明白了，我們實在太窮了。」富足人自以為有智慧，但聰明的貧窮人能將他查透。

五 得財之道

1. 要腳踏實地

耕種自己田地的，必得飽食；追隨虛浮的，卻是無知。（箴十二 11）

耕種自己田地的，必得飽食；追隨虛浮的，足受窮乏。（箴二十八 19）

不勞而得之財必然消耗；勤勞積蓄的，必見加增。（箴十三 11）

雖然在現代社會，腳踏實地不一定得到財富，但這仍是聖經教導我們得財的基本態度，也是上帝所喜悅的方式。

2. 不義之財沒有好結果

> 不義之財毫無益處；惟有公義能救人脫離死亡。耶和華不使義人受飢餓；惡人所欲的，他必推開。（箴十2～3）
>
> 貪戀財利的，擾害己家；恨惡賄賂的，必得存活。（箴十五27）
>
> 用詭詐之舌求財的，就是自己取死；所得之財乃是吹來吹去的浮雲。（箴二十一6）
>
> 欺壓貧窮為要利己的，並送禮與富戶的，都必缺乏。（箴二十二16）
>
> 窮人欺壓貧民，好像暴雨沖沒糧食。（箴二十八3）
>
> 人以厚利加增財物，是給那憐憫窮人者積蓄的。（箴二十八8）

雖然錢財有很多好處，但箴言更加關注得財的方法是否公義。用詭詐之舌求財、劫貧濟富——欺壓貧窮而送禮給富戶、以利息或高利貸增加財富、貪婪想要急速發財的人，他們的行為乃耶和華所憎惡，其結果是毫無益處、被耶和華推開、擾害己家、自己取死、成為吹來吹去的浮雲、缺乏、沒有糧食、為憐憫窮人的人積蓄財富。相反，以公義賺錢、恨惡賄賂的人，他們會從死亡中被拯救、耶和華不會使他們受飢餓，並得存活。

3. 急功近利遭窮乏

> 人有惡眼想要急速發財，卻不知窮乏必臨到他身。（箴二十八22）

人的眼中若只有錢財，有時會失卻生命的美好。中國有一位陳道婆，有一天上山，看到了樵夫們辛苦地砍柴，後來倦了便坐在地上，閉目休息，於是她寫了一首詩：

> 高坡平頂上，盡是採樵翁，人人盡懷刀斧意，未見山花映水紅。[7]

「人人盡懷刀斧意」正是現代人的真實寫照。當我們走到熙來攘往街道，我們會發現整個城市都「人人盡懷刀斧意」——各式各樣的地產、手機、寬頻網絡、食肆等宣傳單張都會從四方八面而來；就算呆在家中，千變萬化的債務重組、免入息審查預先批核的信用咭、地產代理兜售樓盤的「電話行銷」（cold call）亦無所不在的蜂湧而至。在這些人眼中，其他人不是人，而只是一條條的「柴」，是用來給他們「斬」的。正因他們眼中只有「柴」，所以永遠看不到他們所身處山中的花紅水秀的艷麗，也無法享受生活的彩美，生命變得窮乏乾枯。

4. 小結：純正而貧窮，比作惡而富足的人更好

> 多有財利，行事不義，不如少有財利，行事公義。（箴十六 8）
> 行為純正的貧窮人勝過乖謬愚妄的富足人。（箴十九 1）
> 行為純正的窮乏人勝過行事乖僻的富足人。（箴二十八 6）
> 施行仁慈的，令人愛慕；窮人強如說謊言的。（箴十九 22）

真正的價值並不在乎金錢的多寡，而在乎生命是否有公

義、純正及仁慈。箴言的教導中，有財富並不是一件壞事，但更重要的是得財之道是否合乎上帝的心意。「寧貧而有節，莫富而無道」是上帝的心意。

六 對財富應有的態度

1. 要滿足於財富

> 人若生一百個兒子，活許多歲數，以致他的年日甚多，心裏卻不得滿享福樂，又不得埋葬；據我說，那不到期而落的胎比他倒好。因為虛虛而來，暗暗而去，名字被黑暗遮蔽，並且沒有見過天日，也毫無知覺；這胎，比那人倒享安息。那人雖然活千年，再活千年，卻不享福，眾人豈不都歸一個地方去嗎？（傳六 3～6）

這裏所描述的其實是一位十分有福氣的人，這人有一百個兒子、活許多歲數，甚至活上千年（誇張法！），可算是百子千孫、福祿壽全，但他的生命卻不從美好中滿足，這樣的人，傳道者說流產的胎比他更好。世間上有些人很奇怪，他們永遠看不到自己所擁有的，卻只看自己所沒有的，儘管他們擁有大量的福樂，但基於執著的偏見，以致生活一點都不滿足，不能享福樂。筆者曾經聽過一句說話：

> 我一直渴望擁有一雙新鞋，直至我看到別人沒有一雙腳。

人容易為自己沒有一雙新鞋而悶悶不樂，但很少會為自己擁有一雙腳而滿足快樂。憂愁與快樂並不是客觀地存在於事物當中，而在乎我們從哪一個角度去詮釋這事物。有時能否快樂，很視乎是否看見自己所已經擁有的，但要看見自己所擁有的又不是一件自然而然的事，當中須要透過「對比」。當「自己沒有新鞋」與「別人沒有一對腳」作出比較的時候，便會凸顯出自己所擁有腳的是多麼寶貴；雖然沒有新鞋，但能擁有一對腳是如此的幸福。「物無恆值，一切在乎對比」，多看比自己狀況更差的人，會較容易感受自己所擁有的幸福。不看自己所擁有的，而只看自己所沒有的，這人注定不快樂；只有從別人的沒有，看到自己的有，感恩之心才會油然而生。

2. 接受上帝賞賜及收取財富

約伯記第一及二章也為我們對財富的態度提供一重要的觀點。

經文一開始，敍述者告訴讀者約伯的兩大背景：他的人格及財產的祝福。約伯是一個「完全、正直、敬畏上帝、遠離惡事」[8] 的人，其祝福的財產有七個兒子、三個女兒、七千羊、三千駱駝、五百對牛、五百母驢、並有許多僕婢（一 1～5）。這兩大背景引發了天庭的一幕，耶和華與撒但在天庭對話，耶和華主動告訴撒但，地上沒有人像約伯「完全、正直、敬畏上帝、遠離惡事」。撒但則挑戰耶和華，約伯敬畏上帝不是無故的，約伯敬畏上帝是因為上帝祝福及保護他，若上帝將他的祝福拿走，他必當面咒詛上帝（一 9～11）。耶和華允許了這挑戰，於是將約伯的財產，包括他的兒女，全數奪走。當約伯失去這一切，他會否像撒但所說「當面咒詛上帝」？經文記載「約伯便起來，撕裂外袍，剃了頭，伏在地上下拜，說：『我

赤身出於母胎，也必赤身歸回；賞賜的是耶和華，收取的也是耶和華。耶和華的名是應當稱頌的。』」（一 20～21）

第二回合，耶和華又再主動對撒但說話，地上沒有人像約伯「完全正直，敬畏上帝，遠離惡事。你雖激動我攻擊他，無故地毀滅他，他仍然持守他的純正」（二 3）。撒但則回應，先前所攻擊的是約伯身外之物，現在若上帝伸手傷他的骨頭和他的肉，他必當面咒詛上帝（二 4～5）。耶和華又允許了撒但，於是撒但擊打約伯，使他從腳掌到頭頂長毒瘡。約伯十分痛苦，要坐在爐灰中拿瓦片刮自己的身體。他的妻子勸他不要持守他的純正，棄掉上帝，死了吧。但約伯卻回應說：「難道我們從上帝手裏得福，不也受禍嗎？」（二 9～10）兩個回合裏，約伯證明了他並不是因為上帝祝福他才敬畏上帝。

從約伯兩次的回應，我們可以看到他如何看他的財富：

> 我赤身出於母胎，也必赤身歸回；賞賜的是耶和華，收取的也是耶和華。耶和華的名是應當稱頌的。（一 21）
> 難道我們從上帝手裏得福，不也受禍嗎？（二 10）

「我赤身出於母胎，也必赤身歸回。」約伯認為人出生時沒有帶甚麼東西來，人死時亦不能帶走甚麼，人所擁有的是生與死之間的一段過程。在這生死之間的過程中，生命有兩種可能：耶和華可以賞賜祝福，也可以收取祝福；人可以從上帝手裏得福，也可以受禍。無論賞賜或得福，抑收取與受禍，對約伯來說，都不影響他對耶和華的敬畏，他對耶和華的敬畏，與他的祝福與否並不連上任何關係（至少在第一、二章如是）。約伯的觀念是，就算人生過程中沒有任何祝福，他都已經賺了人生本身，他原本是不存在，甚麼都沒有，但能夠有這「人生」，有這生命，其實已經是上帝所賜的恩典，已經賺了。而在這人生過程中，上帝有權賜予祝福，也有權收回；上帝賜予祝福時人可以享受，上帝收回祝福時人亦不用嗟歎，因為在人生中，祝福只是其中一個可能，但這可能並不是必然，人生可以有另一種可能，就是受禍（失去祝福），無論祝福或受禍，都是人生本身的一部分，祝福是人生，受禍也是人生。

再者，約伯所經驗的是先賞賜，後收回，雖然最後歸於無有，但在這過程中，其實約伯已經賺了。情況就好像筆者的一個經驗：筆者家中擺放了一台接近十萬元港幣的音響組合，這並不是因為筆者家財千萬，可以一擲千金地買下這音響組合，只是筆者的姊夫是位音響狂熱分子，親自製造了這台組合，後來擺放在筆者家中。這位姊夫並沒有將這音響組合贈送給筆者，只是把這組合擺放在筆者家中而已，將來會否取回，甚麼時候取回，並沒有清楚說明。筆者得了這音響組合，自然買下一些「發燒天碟」來體會「高音甜、中音準、低音勁」的感受，果然音色雄渾，分音清晰，是人間一大享受。但倘若有一天，這位姊夫說要取回這音響組合，筆者應怎樣回應？筆者應否埋怨姊夫為何要收回？筆者應否咒詛姊夫的殘忍回收行動？按照約伯的邏輯，筆者應該說：「賞賜的是姊夫，收回的是姊夫，姊夫的名是應當稱頌的。」整件事情是，筆者原本是沒有音響組合，但姊夫給予筆者，讓筆者可以享受，然後姊夫取回，筆者歸於無有。雖然最終筆者打回原形，但事實上筆者已經賺了，因為在整個過程中，筆者從原本沒有，到可以曾經享受「高音甜、中音準、低音勁」是怎樣的一回事。

財富是很虛幻，隨來隨去，但能以約伯的態度面對，生命則可以「沒有咒詛，只有祝福」。

七 結語：正確的祈求

> 我求你兩件事，在我未死之先，不要不賜給我：求你使虛假和謊言遠離我；使我也不貧窮也不富足；賜給我需用的飲食，恐怕我飽足不認你，說：耶和華是誰呢？又恐怕我貧窮就偷竊，以致褻瀆我神的名。（箴三十7～9）

太富足或太貧窮都會有危機，就是會因驕傲自滿或偷竊求生而得罪耶和華。人性很脆弱，很容易因外在環境而偏離上帝的心意。無論富足或貧窮，最重要的是行在上帝的心意中，以上帝為生命最高的敬畏對象。

註 釋：

1. 《孔子家語》，卷四，六本第十五。
2. 全句「舟非水不行，水入舟則沒；君非民不治，民犯上則傾，是故君子不可不嚴也，小人不可不整一也。」
3. 智慧文學在此指箴言、傳道書及約伯記。
4. 本文皆以《新標點和合本》作為經文引用。
5. 參網址：http://www.sportsonline.com.cn/GB/channel17/40/20030805/165301.html。
6. 鍾祖康：《中國比小說更離奇》（台北：玉山社，2007），頁19～20。
7. 《新纂續藏經》，第八十七冊，《優婆夷志》之陳道婆。
8. 原文中「完全」與「正直」是兩個字。

經濟·時空——資本主義社會的經濟與生產

5 城市經濟空間與安息神學

趙崇明

一 引言

金融經濟是現代社會文化其中一個重要的領域，它跟我們的生活息息相關。研究現代城市文化的社會學家朱克英（Sharon Zukin）認為：「城市是建築上的龐然大物與金錢崇拜的具體表現，是官僚機器的權力或者金錢的社會壓力的地圖。」[1] 朱克英似乎承認，現代資本主義都市無非就是藉著金融經濟建立起來的，對金錢的崇拜恰好體現於對城市空間的崇拜之上。他又如此説：

> 建造一個城市，取決於人們如何綜合土地、勞動和資本這些傳統經濟因素。但它也取決於人們如何處理排除與賦予使用權的象徵語言。城市的外觀和感覺反映了關於甚麼——還有誰——應該被看見，甚麼不該被看見，

關於秩序與混亂的概念，關於美學力量的運用的決策。
在這一根本的意義上，城市總有一個象徵經濟。[2]

在城市的空間裏，採用了甚麼經濟符號（語言）？甚麼被包括進來？甚麼被排除在外？這些問題正涉及人們如何透過城市空間去表徵或再現金融經濟在日常生活中有何地位、意義和價值的問題。這種經濟文化與城市空間關係的探討，可算屬於文化地理學的範圍。

正如《文化地理學》（*Cultural Geography*）一書的作者克朗（Mike Crang）指出，文化地理學「不僅研究文化在不同地域空間的分佈情況，同時也研究文化是如何賦予空間以意義的。」[3] 也可以反過來說，我們不可能離開空間（space）、地方／場所（place）和景觀（spectacle / landscape）來抽象地理解文化，這是一種從地理空間的角度入手去進行文化研究的進路。故此，本文打算從這種文化地理學的進路去思想貨幣經濟跟城市空間和日常生活文化的關係，所要討論的城市經濟空間包括兩方面：一方面是指到有形的具物質性的城市經濟空間；另一方面是指到無形的互聯網及電子世界所建構的虛擬經濟空間。針對這種有關城市經濟空間的討論，文章的下半部分，會透過安息神學嘗試從時間的向度來回應上述的議題。

二 「在空間裏生產」與「空間的生產」

在農耕的社會裏，農民的生活完全依賴土地出產的農作物，整個生活作息的空間離不開那塊農地，甚至世代相傳，於是逐漸形成一種「在空間裏生產」（production in space）的經濟空間。遊牧民族的生存同樣有賴「在空間裏生產」的經濟活動，只是他們的經濟空間不是固定不變的，卻是不斷遷徙移動的。

現代科技文明最大的貢獻，莫過於幫助人類從此實現可以大量生產（mass production）的經濟活動，由於需要大量生產，於是便需要更大型的「生產空間」來從事更合乎效益主義的「在空間裏生產」的資本主義社會的經濟活動，亦由此而造就了福特主義（Fordism）的出現。社會學家鮑曼（Zygmunt Bauman）認為「福特主義」充分體現了典型的「固態現代性」（solid modernity）的社會特徵。[4] 由此可見，現代的「福特主義」，其實只是古代農耕社會「在空間裏生產」的延續和擴充，兩者同樣具有靜態、固守不變和根深蒂固的特徵。所不同者只不過是古代農耕社會仍受制於大自然時序的變化，人們仍然要依循日出而作、日入而息，以及一年四季播種有時、收穫有時的自然規律去從事生產的經濟活動。現代的「福特主義」卻乘著科技文明之利，逐漸擺脫大自然時序對人類的束縛，而能夠日以繼夜及全天候地用盡所有空間來從事大量生產的經濟活動而已。由此可見，現代「福特主義」的經濟生產模式更依賴空間，對空間具有更大的慾求。

生產之後自然需要把產品銷售，於是導致市場的出現，由於古代農村社會裏的市集或市場已是人們聚集在一起從事買賣交易等商業活動的場所，因此它可算是日後都市商場的雛型。值得留意的是，無論古代的市集抑或現代都市的商場，都不是天然生成的地方，卻是因應人們的需要與慾求而人為地建構或生產出來的社會經濟空間。著名的空間理論家列菲伏爾

（Henri Lefebvre）就曾經提出過「空間的生產」（production of space）的觀念，這重要的觀念對往後的都市理論和城市空間的研究具有很大的影響力。[5] 由此可見，在人類社會裏，不僅存在著「在空間裏生產」的經濟活動，同時也存在著「空間的生產」的經濟活動，後者是直接以空間本身作為經濟生產的對象，由此「空間的生產」跟其他商品的生產沒有大分別，它自身便成為一種經濟活動及經濟產物。

只不過在農村社會和鮑曼所講的「固態現代性」的城市社會裏，所重視的仍然是「在空間裏生產」。但隨著現代資本主義和「福特主義」的興起，以及由後現代性〔或用鮑曼的術語：「液態現代性」（liquid modernity）〕所孕育出來的「後大都市」（postmetropolis）的誕生，單憑「在空間裏生產」已經不能滿足現代消費者那種無休止地不斷轉變的慾求，因此惟有寄望於「空間的生產」，需要不斷生產更多或更大的空間，才能支持及延續資本主義和消費主義的存在。正如列菲伏爾提過，現代人的日常生活空間，更是資本主義和消費主義經濟生產過程中的必爭之地，資本主義正是透過不斷地生產空間關係和全球空間經濟，才能存活到今天。[6]

誠然，在資本主義的商業社會裏，「空間的生產」已逐漸成為人們賺錢逐利的手段，例如一直以經濟掛帥的香港，總是倚靠地產業（最典型的生產空間的行業）作為帶動經濟發展的火車頭，以及近年經濟起飛的中國，亦全力開拓及發展地產業市場，將城市空間商品化，就是明證。同時，不少現代化城市或「後大都市」的城市規劃都朝「空間的生產」這個方向發展，香港的城市規劃就是一個明顯的例子，為了拓展空間來發展消費性旅遊、發展地產，最終為的是發展經濟，於是惟有將城市空間重新裝置，最終換來的就是犧牲不少具有歷史文化價值的地標、文物及舊建築物。在香港特區政府官員眼中，似乎只有不斷向高空發展的現代巨型建築羣和大型建設，才配得上香港作為世界金融中心的美譽。

如朱克英所言：「擁有經濟和政治力量的人們有最多的機會，通過控制石頭和混凝土建造起來的城市公共空間的建築，來塑造公共文化。」[7] 公共空間既然是屬於公眾的，它在本質上就理應是民主的和多元的，不過一旦它被擁有經濟和政治力量的人壟斷和操縱，公共空間的多元文化面貌就只會被經濟價值文化所取代，本具多元性的城市面貌亦只會被削平為只具極強文化同質性的單調空間。正如龍應台對香港人的核心價值作了如下的描述：

> 「中環價值」壟斷了、代表了香港價值：在資本主義的運作邏輯裏追求個人財富、講究商業競爭，以「經濟」、「致富」、「效率」、「發展」、「全球化」作為社會進步的指標。……香港裏面的人，也有許多人看不見中環以外的香港，也把「中環價值」當作惟一的價值在堅持。[8]

總之，無論是私人發展商的商住地產項目，抑或是政府發展的大型基礎建設工程，由商到官就是拼命地生產空間。為的就是要獲得空間最大的經濟效益，因為空間不但具有使用價值，更能產生或創造可以盈利的剩餘價值，由此可見，空間在資本主義的現代社會裏，愈來愈佔有舉足輕重的政治經濟地位。可惜的是，若果金錢或經濟價值成為土地空間價值的惟一指標，最終可能要犧牲掉的卻是城市空間的其他文化價值了！

三 消費主義與城市空間的商品化

克朗在《文化地理學》一書中指出，近年地理學家對消費的看法有了新的進展，認為消費也有自己的地理學。首先牽涉的是關於「市場」的觀念，「市場」本身就是混合了地理學和經濟學的一個概念，是商人為了向消費者銷售商品圖利而在社會上創造出來的銷售空間及消費空間，這個空間是把來自四方八面的商人聚集在一起進行交易活動的匯聚點，因此「市場」為買賣雙方創造了一個匯聚在一起彼此互動的共時空間。此外，克朗又從歷史的角度回顧和思考傳統「市集」的觀念，指出傳統「市集」原來不僅是商業貿易的地方，同時也是慶典狂歡縱情娛樂的物慾消費場所。[9] 由此可見，「市場」便是一個融合了銷售、消費、娛樂於一爐的經濟空間。

無論是十九世紀末巴黎的拱頂長廊、現代的跳蚤市場、商業步行街抑或大型商場，都是把零售商集合到同一個匯聚點進行商業交易活動的娛樂消費空間。匯聚在同一個空間內是很重要的，雖然會造成零售商彼此之間的競爭，但競爭恰好成為資本主義自由市場運作的有利因素，何況惟有這樣才更容易集中人流，吸引顧客。固然，如果要把來自四方八面的消費者匯聚於此，這類佔大型空間（space）的購物商場一般都需要位於交通方便的地方（place），或者需要發展完善的交通運輸網絡來配合。如此一來，便更能提昇「商場」在房地產市場上的升值潛力。換言之，就是讓城市的消費空間不斷商品化。

當城市空間不斷被消費主義佔據而呈現空間的商品化的時

候，自然對人們的生活方式帶來兩種後果。第一，商場內櫥窗所陳列的商品，以其多采多姿的形象，製造強烈的視覺刺激來誘惑瀏覽商場櫥窗的行人，使其消費購物的慾望不斷膨脹。第二，眾所周知，幾乎全世界大型商場的設計，都差不多是千篇一律的翻版空間，商場是最沒有個性的，它擅長把某地方的獨特文化淘空。再加上商場（尤其是全天候戶內的）往往正是將人們與外界分隔的封閉式空間，於是那些日常只習慣逛商場的人，便逐漸跟社區分離，其社區意識自然就會被這種單一化的商場消費文化所沖淡和破壞。[10]

四 媒體信息時代與經濟全球化下液態社會的經濟空間

如果「市場」是社會為來自四方八面的商人匯聚在一起進行貿易活動所創造的經濟空間，那麼，一些大型的會議展覽中心和國際商品博覽會（或交易會）的場所，就毫無疑問是為了經濟全球化而創造出來的經濟空間（市場）了。它們是表徵經濟全球化的象徵符號，因為它們是體現及宣揚資本主義在全球獲得生產力及經濟成就的場所，在博覽會或交易會內展示的是來自世界各地不同文化的商品，匯聚了不同國家的科技力量、生產力量和經濟力量，彷彿將全球化經濟增長的成就，濃縮在這個博覽會場所的空間內向人展示，成為全球商人到來朝聖的商品拜物教的殿堂。[11]

然而，日常的全球性經濟及金融活動，卻已經愈來愈少在固定的物質性空間的市場內進行，經濟全球化的市場甚至已經超越固定空間界限的限制而變得無所不在。因為我們已經進入了電子信息社會的年代，毫無疑問，電子傳播媒介對社會文化和日常生活的影響力可謂無遠弗屆。這些全球媒介（global media）正在重新建構一個非物質性的國際信息和全球性網絡的流動空間，這種空間大大地改變了全球性和地域性的文化景觀。[12]

這種轉變尤其表現在經濟金融的領域之內，因為一方面傳播媒介的不斷革新必然大大地改變了全球性經濟發展或增長的運作模式；另一方面，傳播媒介亦愈來愈被一些全球性大型跨國企業所壟斷和操控，不少跨國企業投資傳媒，無非就是要賺取利潤，由此看來，支配傳媒運作的主要動力最終可能還是來自經濟市場。因此，除了全球媒介會支配或影響經濟活動的形態之外，市場這個經濟空間亦會反過來決定或影響著傳媒的運作模式。事實上哈維（David Harvey）在他的成名作《後現代狀況》（*The Condition of Postmodernity: An Enquiry into the Origins of Cultural Change*）中亦提過，藉著電子傳播媒介，現代資本主義已經從生產物質性的商品逐漸轉為不斷生產轉瞬即逝的影像，固然同時間這些影像又會透過媒體大量地滲進消費者的消費空間。[13] 故此，在電子媒體信息時代下所出現的經濟全球化現象，最終就是一種強調符號圖象與虛擬空間的經濟文化，虛擬經濟空間生產的是圖象符號經濟，商業活動已逐漸由實物的交易變成電子虛擬空間內的數字遊戲。

舉例來說，在一個經濟全球化的現代世界裏，已愈來愈多透過電腦互聯網進行電子繳費、銀行往來交易或國際間商業貿易或投資等活動。亦可以透過互聯網第一時間掌握全球經濟市場變化的形勢和相關的金融資訊，使整個金融服務及經濟活動變得更有效率地運作。若從時間與空間的角度去分析，這種提高效率的經濟活動，正是從物質貨幣轉向電子貨幣，以及電子媒體信息在金融資訊上快速傳播的威力而帶來的變化，亦反映了哈維所提出的「時空壓縮」（Time-space Compression）的現象。哈維說：「電子銀行和信用卡就是一些加快金錢逆向流動速度的創新發明，有賴將貿易電腦化之幫助，金融服務和金融市場同樣地加速起來，正如以下這句說話的意思，在全球的股票市場裏，『二十四小時是非常長的時間』。」[14] 有賴電子傳播媒介的幫助，不但大大地加強了信息、資金及勞動力在全球市場上的流動性，促進了自由經濟市場在國際空間上的擴張；同時亦大大地加快了流動的速度，使整個經濟及金融市場的運作變得更有效率。這種以高速發展及講求流動性的經濟貿易全球化，恰好符合鮑曼所講「液態現代性」的特徵。

當然，對鮑曼來說，「液態」一詞，除了含有「流動」、「快速」、「滲透」和「變化」的意思之外，還表明了時空關係的重大轉變。朱克英提過：「建造一個城市，取決於人們如何綜合土地、勞動和資本這些傳統經濟因素。」[15] 鮑曼認為，在「固態」社會裏，資本跟土地（物質性的空間）和勞動力的關係依然密切，彼此相連，互相倚靠。固定、有形和龐大的物質性空間對經濟生產具有非常重大的意義，雖然福特工廠正好體現了「固態現代性」擴張空間和佔有空間的特徵，亦如實地反映了人類為了實現或滿足利益最大化而建立經濟巴別塔的慾望，可是經濟活動某程度仍受到固定有界限的物質性空間（土地）的制約。也儘管在謀取利益最大化的過程中，資本家會對從事生產的勞工進行壓迫和剝削。但鮑曼認為，「固態現代性」實際上是資本跟勞動力締結約定（engagement）的時期，並由雙方之間彼此依賴的相互性來使上述的約定牢不可破，工人固然要依賴資本家的僱用才能維持生計，不過資本家也要倚靠工人所付出的勞動力才能賺取金錢上的回報。因此福特式的大型工廠（固定的土地空間）便成為把資本和勞動力維繫在一起的一個統一體系。[16]

鮑曼認為，如果「固態現代性」意味著資本跟勞動力會締結約定，則「液態現代性」卻「確實預示著資本和勞動力之間解除約定。」[17] 如果「固態現代性」仍強調資本家的家族企業的長久跨代性，以及工人長期委身甚至終生受僱的制度。[18] 則「液態現代性」中的不穩定因素只會叫勞動力的僱用變為短期的行為，液態社會的經濟自由市場和勞動力市場最講求的是靈活多變，以短期合約（甚至沒有合約）的方式來維持勞資雙方的短暫工作關係是液態社會的時尚。在「液態現代性」中，資本已經成功地擺脫了對勞動力的依賴，資本已單方面離開勞動力而自由流動起來，可見「液態現代性」中的流動、快速、混亂、鬆散、反常、變化和不穩定這些特性，是一種分化個體的強大力量。[19]

此外，資本亦會因離開土地空間的制約而加速資本的自由流動性。因為「液態現代性」已經意味著固定和有形的經濟性生產空間逐漸喪失了約束資本流動的能力，因而土地空間也逐漸喪失了其存在的優勢。鮑曼如此說：

> 隨著軟件資本主義（software capitalism）和「輕快」（light）的現代性的出現到來，它們都發生了改變。……在以光速運動的軟件宇宙中，空間簡直可以在「須臾」之間穿越；「遠在天邊」和「近在眼前」之間已經沒有差別了。空間不再對行動和行動的績效產生約

束，空間已沒有多大意義。[20]

事實上隨著跨國企業所推動的經濟貿易全球化，以及後工業社會的來臨，一些已經進入後工業化的經濟較富裕的第一世界國家，都已經由原本的生產製造業順利轉型為以服務性行業（如金融服務業、旅遊業、廣告業等）為主導的經濟模式。服務性行業其中兩個特色，就是固定的土地空間已逐漸喪失了其在經濟增長上的必需性和存在的優勢；以及資本已單方面擺脱勞動力的約制而轉向跟消費力建立互相依賴的關係，其中尤以金融服務業為甚。事實上在全球資金流動的經濟市場上，金融性的證券投資（portfolio investment）活動就是全球金融市場的主力，已經大大地蓋過對地域性及在地性的生產製造業的投資，世界上絕大部分的外匯買賣及金融市場上的投資炒賣，已經愈來愈少跟生產製造業有直接的關聯。以前的金融市場主要還是為國內的經濟服務，資金仍留在本土，仍然保留較強的地方性和區域性。但今天金融市場已經全球化，投資者為了獲得更大的經濟回報和利潤，「熱錢」（hot money）便必須自由地在全球金融市場上不斷滾出滾入越界地流動，而全球性電子媒介所建構的一個非物質性的全球性網絡的流動空間，只會更有助於加強其流動的速度和效率，令到資金的流動和交易是即時的，就在全球電子媒介運作下的瞬間就完成。[21]

然而，鮑曼並不是説「液態現代性」使現代人不再重視空間或不再從事「空間的生產」。他只是説，在液態的現代社會裏，一方面現實世界中空間的距離不再成為問題，因為人們已經能夠藉著互聯網這類全球性電子媒介去征服了它，以電子媒介富流動性的虛擬空間，取代了福特主義的固態空間。另一方面，人們也愈來愈意識到，不可能被困於一個固定界限的空間裏從事經濟增長的活動，卻應該在高速流動的液態現代性的意義下不斷地生產經濟空間。故此，征服或超越物質性空間的距離，甚至要否定固態性空間的意義，為的是反而能夠生產更大的經濟空間和擴張經濟空間的可能性，事實上當空間的距離被征服了，疆域的界限被取消了，全球化的力量便能為世界的未來帶來無限的可能性，也惟獨這種不斷地生產無形的經濟空間所帶來無限的可能性，才能滿足現代人對物質和權力那無休止的渴望與慾求。

五 虛擬經濟空間可能引發的危機

正如上文提到，目前金融市場全球化的現象正好反映了「液態現代性」的某些特徵。不過對這種全球性金融市場的出現，葛霖（Stephen Green）卻有如下的描述：

> 我們看著一個名副其實的全球市場正在形成，這個在線、實時的全球市場，幾乎能替所有東西定價，不斷狂熱的運作，而且本質上是波動不定的。市場的潛在用處清晰可見，但危險亦同樣明顯。[22]

資金的流動性愈大，市場愈少管制，愈自由，固然令到賺大錢的可能性相對提高。但流動愈大，同時波動亦愈大，自然亦會提高投資的風險，令市場愈來愈似一個「賭場」。問題是這個「賭場」再不只是少數投機者（「賭徒」）參與其中，當「全民皆股」，以及金融投資活動已滲透入日常生活之中

（如各種保險及強積金也涉及投資）的時候，當中的風險其實要由整個羣體來承擔。何況在全球一體化底下，某一個國家或地區所發生的金融風暴，隨時可以席捲全球，甚至要全球的人民共同承擔這些風險，近期（二〇〇八年九至十月開始發生）美國的次按危機所帶來投資銀行的倒閉而引發出來影響全球的金融海嘯，就是最明顯的例子。同時，這種全球化金融投資活動賴以成功的必然因素，就是需要一個愈少管制的自由經濟體系作為其後盾，而自由經濟哲學的核心就是謀求自身利益的最大化。因此，投資者往往很容易會做出一些不負責任的投資行為，卻漠視會可能為其他人帶來經濟上的損失。

我們也許會認為，某些人將金融市場變成「賭場」，一旦輸掉了金錢卻要其他人來共同承擔後果，這是多麼不公平的事。固然世界畢竟沒有絕對的公平，人與人之間的差異亦畢竟存在，但賭博成分愈來愈重的全球金融投資市場所造成的不平等現象，尤其導致貧富懸殊的情況愈來愈加劇，就不能不正視當中的問題，也許今天我們更有迫切的需要去建立一套公平貿易的經濟制度和投資環境。

六 安息神學對空間崇拜的批判

現代人對生產或擴張空間的慾望，以及對空間的膜拜，正是反映了人類對權勢和物慾的無法滿足和無休止的渴求，歸根究底仍是一個「貪」字。赫舍爾（Abraham J. Heschel）的《安息日：其對現代人的意義》（*The Sabbath: Its Meaning for Modern Man*），正是針對上述問題而寫的。他認為科技文明其實是人類要征服空間的一種權力慾的表徵，換言之，科技文明的任務是要統治大地、征服自然，增加生產，帶來經濟增長，最終無非是要滿足人類對物慾無休止的需要和渴求。

> 科技文明是人對空間的征服。它往往是透過犧牲一種構成存在必不可少的元素（即時間）所取得的成就。在科技文明裏，我們耗費時間來賺取空間。我們主要的目標是在空間的世界裏增強我們的權能。[23]

表面看來，科技文明似乎象徵了人類自我超越的成就，代表了能擁有突破大自然限制的能力，就好像昔日要建造塔頂通天的巴別塔一樣，透過空間的擴張來滿足自身的慾望而實現自我無限化。然而，赫舍爾卻提醒現代人：「當對空間的操控，對屬於空間的物件之渴求成為我們惟一的關注的時候，生命就會走上歧途。」[24]

相對於人不斷藉著科技文明去擴張、佔有、征服和操控空間和屬於空間的物慾世界，赫舍爾卻苦口婆心地勸導我們要回歸時間。他説：「擁有更多不等於存在得更好，我們在空間的世界裏所獲得的權能，卻會在時間的邊界中突然地終止，時間卻是存在的核心。」[25] 對赫舍爾來説，現代人面對最大的問題是以空間代替時間作為存在的核心，以致我們實在遺忘了存在與時間之間密切的關係。

從猶太人信仰傳統的角度而言，赫舍爾又指出：「聖經關注的是時間多過關注空間，它往往從時間的向度看世界，它關注世代、事件多過關注國家、物件；它關注歷史多過關注地理。」[26] 他又特別從安息日的神學意義去思考時間的重要性，由於「安息日的本質是完全從空間的世界分離出來。」[27] 因此，

「安息日的意義是慶祝時間而不是慶祝空間。整個星期的六天，我們都生活在佔空間物件的暴政統治底下；在安息日裏，我們嘗試在時間裏作出調適，通往聖潔。」[28]

既然如此，是否最終要排拒空間的世界？是否要拒絕任何形式的「在空間裏生產」與「空間的生產」？以及是否要否定人類的科技文明和經濟活動呢？固然不是，赫舍爾曾指出，按照聖經的記載，無疑當人類歷史開始的時候，在世界上只有一種聖潔，就是在時間裏的聖潔。但其後上帝也有吩咐以色列人興建佔空間的會幕，在空間裏成聖。[29] 由此可見，空間並非完全跟聖潔無緣，赫舍爾也並非對空間採取全盤否定的態度。何況他曾肯定地說：「我們的意圖並非要貶低空間的世界，若去貶低空間及空間的物件所盛載之祝福，就等於貶低創造的工作，上帝曾看著這些工作說『好』。」[30] 對赫舍爾來說，時間和空間是彼此相關的，不可忽略任何一方。不過，面對只崇拜及追逐經濟空間之擴張的現代人，他的目的是要提醒我們，在上帝創造和救贖的經世活動（economic act）裏，時間卻比空間扮演更重要的角色，時間比空間更具優先的地位。它們的主次關係絕不能倒轉，惟有在時間裏，才能談論任何佔有空間的人或物件的存在意義和重要性。[31]

七 時間是存在的核心——安息神學的時間觀

在一個重視效率、產量及效益最大化的資本主義社會裏，最關心的是如何能用最少時間完成最多工作，生產最大量的產品，以致獲得最高的利潤。因此，現代人其實也很重視時間，很懂得管理時間，因為在這個分秒必爭的社會裏，「時間就是金錢」，這句話充份反映了現代人如何看時間的價值，時間的價值在於其衍生的生產價值和經濟價值。有賴電子媒體科技的幫助，的確使到整個經濟及金融市場的運作變得更有效率，以致真的能用更少時間賺取更多金錢。

這裏其實牽涉一個重要的課題，就是資本主義已經為現代人塑造了一種相當適用於資本主義經濟生產的時間觀。這種時間觀似乎只將時間作為機械、客觀、可以精準計算、具有可預測性、容易被管理和受控制的「鐘錶時間」（clock time）來看待。不過必須明白，「鐘錶時間」跟大自然循環變化的「時序」，以及主體於存在中所感悟的「光陰似箭、日月如梭」的「時光」不同。「鐘錶時間」是將「時序」和「時光」數量化、抽象化、規劃化和同質化的成果，只是用作衡量作息生活事件客觀準確的量度單位。故此，「鐘錶時間」就好像一個冷漠的督工不停監察及支配著生活作息的節奏。針對這樣的時間觀，安息神學有甚麼回應呢？要講安息神學，就不能不從創造神學講起。

根據創世記的記載，留意上帝在頭一日所造的光，似乎並非佔有空間的物質，因為上帝要到第四日才創造掛在天上的具物質性的眾光體。由此看來，上帝首項的工作只是創造了時光，換言之，在一切佔有空間的物質尚未出現之前，時光首先出現。

上帝創造了時光之後，在隨後長達五天的時光中繼續進行創造萬物的工作，我們不禁要問，既然時間也是由上帝創造，況且上帝能夠「說有就有，命立就立」，難道上帝不能使天地萬物在一瞬間同時被生產出來嗎？難道上帝不明白「時間就是金錢」這效益最大化的資本主義原則麼？為何上帝偏偏要花這麼長的時間來創造（生產）呢？

上帝的存在本來與時間無緣。如詩人說：「諸山未曾生出，地與世界你未曾造成，從亙古到永遠，你是上帝。」（詩九十 2）然而，永恆的上帝藉著創造的工作，從此就擁有時光流逝變化的經驗，明顯那經驗並非來自客觀精準的「鐘錶時間」，卻是充滿詩意的時光經驗：「在你看來，千年如已過的昨日，又如夜間的一更。」（詩九十 4）本來超越時間的上主卻在時光中存在。由此看來，上帝每天「看著是好的」，相信不但是指到創造成果的「好」，也許同時也是指著創造過程中每一天所擁有的時間經驗來說的。在創造的工作（生產）中，上帝沒有對準「鐘錶時間」來爭分奪秒，祂不用趕時間，卻享受在流逝的時光中那充滿詩意的創造經驗。對上帝來說，時間不是金錢，時間的價值不在其衍生的經濟價值。

正如上文提過，在頭一日裏，上帝只創造了時光。到了最後一天，上帝刻意放下一切，只安息於神聖的時間裏。換言之，上帝的創造，始於時間，終於時間。又如聖經的記載，上帝每一日的創造工作，都以「有晚上、有早晨」來結束，而最終更以第七天這聖日來完成。由此看來，上帝創造的焦點，似乎不是產品、生產力和產量，而是上帝的作息時間。正如赫舍爾說：「時間是創造的過程，佔空間的物件是創造的成果。當我們注視空間，看到的是創造的產品。當我們直觀時間，聽到的卻是創造的過程。」[32] 空間只會讓我們凝視工作或生產的成果，最終更可能只引導我們凝視生產成果所帶來的經濟利益──金錢。但時間所扮演的角色和功能，卻要喚醒我們關注存在的過程。原來時間在創造的行動和萬物的存在裏扮演非常重要的角色，日子是世界萬物存在的根基，時間為整體的創造秩序立下了重要的基礎。

「時間就是金錢」這句說話，原來只是誘惑我們用時間來換取經濟的空間，將時間商品化，然後將空間也商品化。安息日的誡命，卻提醒我們不要再只管用時間來生產空間，不要再讓時間成為金錢，不要再讓生命只陷溺於無休止的生產和消費當中。讓我們回到上帝聖化了的時間裏，進入安息，與祂同在。

八 消費性空間與安息神學

上文提過，當賺錢和消費成為某個城市單一的核心價值，以及當城市空間不斷被消費主義佔據而呈現空間的商品化的時候，自然對人們的價值觀和生活方式帶來很大的影響，最主要的便是不斷燃點消費者的慾望，使消費慾望不能止息。

在聖經裏，也描述了這樣的一個消費故事。在伊甸園裏，上帝本來安置亞當和夏娃在這理想的空間裏快樂地生活，只要他們順服和遵循上帝的命令，他們便可隨意享用一切上主看為好的創造成果。然而，代替順命的享用，卻出現了人類歷史上第一宗消費行為——始祖吃了分別善惡樹上的果子。為甚麼這是消費行為？因為那棵樹的果子既悅人的眼目，吃了又能使人如上帝般具有分別善惡的智慧，使自我能夠超越到跟上帝看齊，意圖取消了人和上帝本體上的差異，亞當和夏娃實在抵擋不住來自眼目和內心所挑起的慾望，為了滿足自我的私慾，寧願違背上帝這位他者的命令，也要採下果子來吃，這兩位本來身為大地的管家，馬上變成縱慾的消費者，而伊甸園也隨即變成物慾消費的空間。承接始祖的消費行為之後，隨之而來的便是大自然生態上的災難性後果（地受咒詛），並且要以終身不息的辛苦勞動力作為生產及產品的交換，以及人際關係的破損。[33]

如果人們想由一個縱慾的消費者，從新做回一個可隨意享用伊甸園裏創造的順命管家，就不能不聽聽上帝創世及設定安息日的故事了。誠然，我們很多時只將上帝創世的焦點放在頭六天的工作成果之上，看到的只是上帝從無到有那種開拓和征服空間的能力。卻忽視了上帝設立第七天的意義，上帝歇下一切的工，停止了對空間和物質的操控、開拓和征服，安息了，單單享受在時間裏的存在，而祂的創造工作及其成果，也正是在安息的聖日裏臻於至善和完滿（成聖）。由此看來，在時間裏的安息（停止和放下），不但是生產製造的原則，也是消費享用的原則。安息日是要操練我們停止對空間（包括經濟空間）的征服和操控，中止對金錢物慾作偶像式的膜拜，節制慾望，學習放手，學習倚靠上帝，放下人際間的爭鬥和衝突，讓我們那不斷往外撲的生命在時間裏靜止下來，安息在上帝懷中，回歸內在生命的自由。故此，上帝在第六天吩咐始祖承擔管家的召命之後，馬上不是工作和生產，而是進入第七天的安息。意味著不懂得安息，就不懂得承擔管家的職事，到頭來只講生產、增長、增值，只會操控和征服空間，既耗損大自然，又在不停的經濟生產活動中，使自己耗盡（burn out）。安息的操練既然如此重要，難怪上帝要求以色列人在曠野漂流的日子裏要守安息日，並且頒下誡命要他們世世代代遵守。

九 企業社會責任與安息神學

當整個社會以經濟掛帥，人人都埋首賺錢，只鼓吹謀求自身利益最大化的價值觀的時候，可喜的是已逐漸有人（甚至有大企業）出來倡議公平貿易、負責任投資和企業社會責任（corporate social responsibility）的重要性。甚至愈來愈多人認為這種負責任的投資行為最終能增加人與人之間的信任，從而亦加強對經濟體系及市場的信心，令投資環境更加穩定，最終反而有助經濟增長。

其實上述這種看法非常符合安息神學的精神，無論十誡中的安息日誡命（參出二十 8～10；申五 12～14）也好，抑或其他關於守安息日（或安息年）的誡命（參出二十三 10～11；利二十五 2～7）也好，這幾段經文均有下列共通的地方：第一，僱主不應只關心自己的利潤最大化，更要顧及別人（勞工、客旅）的利益，給他們身心靈得享安息的空間；第二，富人在關注自己的生產是否增值的同時，不應忽略窮人的需要，應將資源作適當的重新分配，改善貧富懸殊的問題；第三，在全球消費力帶動經濟增長的情況下，人類不斷征服空間，主宰及利用大自然，無休止地耗盡大自然的珍貴資源，安息日的誡命，提醒人類要保育大自然內的各類牲畜和動植物，也要保育大地這個自然空間，給這個自然空間保留一點可以安息的空間。

十 結語

當耶穌說：「你們不能又事奉上帝，又事奉瑪門」的時候，是連繫著人的「憂慮」來說的，而在時間中存在的人，往往就是為著明天（將來）而憂慮，多少時候我們誤以為瑪門所換來佔空間的物質（食物、衣服），會為我們的將來帶來安全感，然而現實我們卻反而又容易為物質的得失而憂慮。耶穌卻這樣教導：「你們要先求祂的國。」（參太六 24～34）道成肉身，正是要宣揚「天國近了」的福音。天國既已在此刻臨到，但同時又要在終末才完全實現。根據啟示錄二十及二十一章的記載，千禧年之後就是新天新地的降臨。前者是在日期滿足時候的聖年，是神聖的時間。[34] 後者正是上帝親臨人間與人同在的聖城，是神聖的空間。在終末的永恆國度裏，舊有的一切都會被更新聖化而進入上帝的安息。然而，耶穌的意思是我們今天就可以求祂的國，並且當下已可以預嘗在上帝國裏能享受到的安息。

註釋：

1. 朱克英（Sharon Zukin）著，張廷佺等譯：《城市文化》（上海：上海教育出版社，2006），頁 1。
2. 朱克英：《城市文化》，頁 4。
3. 克朗（Mike Crang）著，楊淑華等譯：《文化地理學》（南京：南京大學出版社，2003），頁 3。
4. 鮑曼（Zygmunt Bauman）的「固態的現代性」大概包括下列的特徵：固定的、靜態的、穩重的、巨大的、重型的、堅固的、長久的、恆常的、理性的、規劃的、有序的、可控制的、可預測的和具有清晰界線的地域性等。參鮑曼著，楊渝東、史建華譯：《現代性與大屠殺》（南京：譯林出版社，2002）；另參鮑曼著，歐陽景根譯：《流動的現代性》（上海：上海三聯書店，2002）。
5. 列菲伏爾（Henri Lefebvre）以蜘蛛結網來解釋，蜘蛛網這空間其實是蜘蛛身體的延伸，但它同時又是蜘蛛生產出來的一個在牠身體之外存在的外在空間。由此可見，他是從一個生物性有機身體的生產開始去談論「空間的生產」的。故此，任何作為人類政治經濟產物的社會空間，無論是物質性抑或符號象徵性的空間，都是以人這有機的肉身生命作為起點向外延伸的結果，也是人在日常生活中不斷生產（或維持）自己存在的場所。參 Henri Lefebvre, *The Production of Space* (Oxford: Blackwell, 1991)。另參汪民安：《身體、空間與後現代性》（南京：江蘇人民出版社，2006），頁 99～124；郭恩慈編：《香港空間製造》（香港：Crabs Company Ltd.，1998），頁 4～25。

6. 參汪民安：《身體、空間與後現代性》，頁 100～101。
7. 朱克英：《城市文化》，頁 8。
8. 龍應台：〈香港，你往哪裏去？〉，收於氏著：《龍應台的香港筆記》（香港：天地圖書，2006），頁 21～22。
9. 參克朗：《文化地理學》，頁 153～156。
10. 參克朗：《文化地理學》，頁 157～162。
11. 參克朗：《文化地理學》，頁 156～157。
12. 參莫利（David Morley）、羅賓斯（Kevin Robins）著，司艷譯：《認同的空間——全球媒介、電子世界景觀與文化邊界》（南京：南京大學出版社，2001），頁 1。
13. 參 David Harvey, *The Condition of Postmodernity: An Enquiry into the Origins of Cultural Change* (Cambridge / Oxford: Blackwell, 1995), 287～289。
14. Harvey, *The Condition of Postmodernity*, 285.
15. 朱克英：《城市文化》，頁 4。
16. 參鮑曼著，范祥濤譯：《個體化社會》（上海：上海三聯書店，2002），頁 8～10。
17. 鮑曼：《個體化社會》，頁 14。
18. 參鮑曼：《個體化社會》，頁 9～11。
19. 參鮑曼：《個體化社會》，頁 12～21。
20. 鮑曼著：《流動的現代性》，頁 181～184。
21. 參葛霖（Stephen Green）著，楊志業譯：《天國與財利——葛霖論金融市場》（香港：Vocatio Creation Ltd.，2007），頁 10～24。
22. 葛霖：《天國與財利——葛霖論金融市場》，頁 10。
23. Abraham J. Heschel, *The Sabbath: Its Meaning for Modern Man* (New York: Noonday Press, 1994), 3.
24. Heschel, *The Sabbath*, 3.
25. Heschel, *The Sabbath*, 3.
26. Heschel, *The Sabbath*, 6～7.
27. Heschel, *The Sabbath*, 10.
28. Heschel, *The Sabbath*, 10.
29. Heschel, *The Sabbath*, 9～10.
30. Heschel, *The Sabbath*, 6.
31. Heschel, *The Sabbath*, 6.

32. Heschel, *The Sabbath*, 100.
33. 參 Tsvi Blanchard, "After Eden: The Search for the Holy in a Consumer Society," in Rodney Clapp, ed., *The Consuming Passion: Christianity & the Consumer Culture* (Illinois: Inter-Varsity Press, 1988), 91。
34. 禧年是七個安息年之後的第五十年，又稱聖年。（參利二十五 9～17）

6 舊約土地神學對應現代資本主義

張慧玲

一 引言

經濟學定義財富來自生產收益的累積。人運用生產原料，包括天然資源、人力資源、資本資源、機器等，進行生產。產品經貿易而獲得收益，收益累積為財富。人類經濟發展由依賴天然資源的農業，擴展到勞力密集的製造業，依賴機械的工業和科技，再到資金密集的金融業，不斷擴展。人類所有資源既然來自上帝創造的天地，經人開發而累積財富，舊約聖經對我們活在二十一世紀這多元和全球化的經濟大環境下，可有甚麼提示？舊約時代主要的生產資源是土地，以色列民在巴勒斯坦以小農業和畜牧業為生，經濟命脈是第一產業。上帝對子民的訓誨是否適切今天的體系？上帝是否對祂的子民的經濟體制有所規範？

我們活在資本主義市場經濟主導的社會，習以為常按經濟規律生活，因著當局者迷的傾向，我們的慣性會限制我們的視域，也削弱了其他可能的選擇。本文嘗試從舊約上帝對土地的訓誨，整理對土地資源的觀念，進而思考資本主義的財富觀，在兩者互相對照下，試看是否撞擊出一些火花，對我們當下的處境有所啟發和頓悟。至於為何選擇土地神學，首先，因為土地（希伯來字音譯 *'eres*）是舊約聖經第四個常見的字。[1] 據舊約學者沃特基（Bruce K. Waltke）的研究，「土地」是貫串舊約的主題之一，其餘有「後裔」，「聖殿」，「安息」，「君王」等。[2] 其次，土地是任何經濟體系的基本生產資源。基於以下兩個原因，本文嘗試探討舊約土地神學對應現代資本主義，反思財富、私有產權、追求增長和市場主導的觀念。

二 舊約土地神學

舊約聖經的核心主題是上主揀選一個家庭與之立約，[3] 開展一羣子民與上主的親密關係，從而展現上主的屬性；藉著上主對子民的管治，向世人啟示祂自己及人類生活的秩序。由亞當到挪亞，上主重新與人立約的突破是發生在揀選亞伯拉罕，與亞伯拉罕立約的事情上，約的應許記載在創世記十七章 1 至 9 節。上帝應許賜給他的有三：後裔繁多、上主作其後代的上帝，以及迦南全地。[4] 土地的賜福是上帝與子民立約的元素之一，也是五經結束的申命記禍福篇（申命記二十七至二十八章）中重要的賞罰元素。摩西遺言的祝福是可在地長久安居，而咒詛卻是被趕出應許地。得享土地成為祝福的明證，這又是否等同於現世中富裕表示上帝對人的祝福呢？舊約應許得地是否支持基督徒以成功、健康和富足作為上帝祝福的見證？本文試從三位舊約神學家蔡爾茲（Brevard S. Childs）、[5] 馬田斯（Elmer A. Martens）[6] 和沃特基對舊約神學的研究，綜合土地神學的概要。

1. 土地是祝福還是陷阱

舊約聖經並沒有將土地屬靈化。上主的選民以色列人在應許、得地、擴張、被擄到歸回，土地確實是重要的課題。他們在期間不斷地掙扎，不斷地修正其對土地神學意義的理解。他們在應許和成就之間，不斷在信仰上有新領悟，他們即使擁有了地，但地仍不是他們的產業。蔡爾茲在其著作《正典脈絡下的舊約神學》（*Old Testament Theology in A Canonical Context*）內如此論說：[7]

> ……在整本舊約中，具體地擁有土地具有根本上的重要性。擁有土地永不只具靈意上的意義。反之，透過應許、征服、擴張、流放、重建，以色列的歷史與土地纏在一起，這是努力去理解舊約的神學意義的中心。馮拉德（Gerhard von Rad）精彩地指出，應許及實現的張力不會因歷史上擁有了土地而瓦解，反而不斷開啟新的信心形態。以色列能擁有土地，但這不是她的產業。土地能成為陷阱和網羅，而不是禮物（申八 7 及其後經文）。申命記的作者以一種具條件的形式去表達土地的應許。以色列要遵守誡命，才得以進入〔應許的〕土地。[8]

在申命記八章 7 至 19 節裏，土地在這訓誨中是一個潛在的網羅，多過是一份禮物。它是否屬於以色列民是有條件的，就是看他們是否謹守遵行上帝的誡命。整本舊約在成書時，即是在上帝的子民被放逐於巴比倫國時，他們失去了原得的地，成為無屬地的羣體，仍在盼望得地，應許有待實現。[9] 正如蔡爾茲的結語：「總結地說，在真正的意義下，舊約對土地的理解的神學重點，有一種辯證的張力，一方面拒絕將土地問題靈意化，另方面卻意識到土地作為一種關乎上帝的祝福的密碼。人就算住在〔上帝應許的土地〕的空間範圍裏，也可能失去上帝的祝福的。」[10]土地的祝福是動態的，是可以失去的，它對我們的啟示是富裕含有弔詭的張力，既可以是上帝的祝福也可以是網羅，人怎樣對待祝福的物，可以導致其失去。聖經沒有將土地和其中一切物質屬靈化，以擁有等同於與上帝有親密的關係。按此推論，教會擁有宏偉的建築不等於是蒙上帝祝福的象徵，個人擁有財富也不等同是屬靈的偉人。

2. 土地對人有要求

舊約學者和牧者馬田斯在其著作《上帝的設計：舊約神學焦點》（*God's Design: A Focus on Old Testament Theology*）中用了一章論說土地和生活方式的關係，標題是〈論土地與生活方式〉（"On Land and Lifestyle"）。[11] 土地對人有要求，因為居住在應許地的人需要踐行特殊的生活方式，具備特定生活風格的質素。這些生活方式的要求載於利未記、民數記和申命記，可分類為規條和節期；規條包括與土地有關的道德責任、民事責任、宗教禮儀和特殊規條。除規條外，還有源於農耕的宗教節期。土地與子民的生活方式之所以息息相關，是基於下列三個觀念的。首先，土地不單是禮物，也是受託予人的責任，申命記十二章1節記載上帝的吩咐：「你們存活於世的日子，在耶和華——你們列祖的上帝所賜你們為業的地上，要謹守遵行的律例典章乃是這些：你們要將所趕出的國民事奉上帝的各地方，無論是在高山，在小山，在各青翠樹下，都毀壞了；也要拆毀他們的祭壇，打碎他們的柱像，用火焚燒他們的木偶，砍下他們雕刻的神像，並將其名從那地方除滅。……」他們受託要守上帝的律例典章，申命記八章 1 節是得地的基本條件：「我今日所吩咐的一切誡命，你們要謹守遵行，好叫你們存活，人數增多，且進去得耶和華向你們列祖起誓應許的那地。」以色列民有責任要承擔，就是其行為要配合所得的地，要按上主的誡命行於地上。第二個觀念是人錯誤的行為不單傷害人，也會弄污那地。利未記十九章 29 節這樣記載：「不可辱沒你的女兒，使她為娼妓，恐怕地上的人專向淫亂，**地就滿了大惡**。」；民數記三十五章 29 至 34 節：「這在你們一切的住處，要作你們世世代代的律例典章。無論誰故殺人，要憑幾個見證人的口把那故殺人的殺了，只是不可憑一個見證的口叫人死。故殺人、犯死罪的，你們不可收贖價代替他的命；他必被治死。那逃到逃城的人，你們不可為他收贖價，使他在大祭司未死以先再來住在本地。這樣，你們就不污穢所住之地，**因為血是污穢地的**；若有在地上流人血的，非流那殺人者的血，那地就不得潔淨〔原文是贖〕。你們不可玷污所住之地，就是我住在其中之地，因為我——耶和華住在以色列人中間。」；申命記二十四章 4 節：「打發她去的前夫不可在婦人玷污之後再娶她為妻，因為這是耶和華所憎惡的；不可使耶和華——你上帝所賜為業之地被玷污了。」三段經文提及的淫亂的罪、殺人流血和休妻是玷污地的，理由有三：（1）上主住在地上，地是祂的居所（民三十五 34）；（2）土地是上主和以色列民之間的中間人，土地受污表示人的惡行會破壞上主與人的關係；（3）土地是上主的可見的象徵；若他們違背上主，就有污穢土地的後果，因為對上主不敬。因此，土地有力地象徵以色列與上主的關係。

第三個觀念在於土地是禮物，但不只是受禮者所擁有，而上主仍是擁有者，仍是主人。土地這禮物跟人與人之間的禮物觀念不同，上主仍是主人。正如利未記二十五章 23 至 28 節的贖地條例：「地不可永賣，因為地是我的；你們在我面前是客旅，是寄居的。在你們所得為業的全地，也要准人將地贖回。……」

基於以上的觀念，舊約對土地的運用作出明確的規定，這些規定是對生活形態或方式的要求。五經中有兩條規例限制以色列民運用土地。一條是安息條例，記載於利未記二十五章 2 至 7 節；另一條是禧年，記載於利未記二十五章 8 至 22 節。

首先，讓我們注意安息日和安息年的規條，雖然外族人也有讓田地輪流荒廢作為保養作用，卻仍有別於外族之處，在於上主目的是為窮人和為野生動物的利益，而不著眼於田地的效益，因這年的土產要給他們的牲畜和地上的走獸當食物；另一分別則在於這是為上主而守，要見證上主對土地的擁有權。

第二是禧年的條例。禧年時除以色列民要將土地歸原屬家庭所有。富有的人為弱勢或不幸者的利益有所行動。規條的精神在於為了穩定人際關係和神人關係。土地、以色列民和上主是彼此相屬的，這三角關係的連結為了維護家庭的權利。得地所要求的生活形態的大前提是不剝削土地，不剝削人民，鼓勵以體諒和關懷的態度相待。

此外有關土地的節期，記載在出埃及記二十三章、利末記二十三章、民數記二十八章、申命記十六章。這些節期共通之處是「歡樂」，反映上主期望子民的生活形態是感恩和歡樂。三大節期——逾越節、五旬節和住棚節都要守節一星期，而且都是與土地的收成有關。守節不單是社交慶典，而且是為了上主，向祂表達感恩，回憶祂的拯救，因祂實現其應許，領子民到這地享受土地的豐盛。這些節期是所有人都可參加，特別是無父的和寡婦，寄居流浪者（申二十六 11～15）。從守節培育子民一種具體的生活方式，就是與人同享土地之果實，與人相連結。

總結有關土地的節期，人與上主同在的生命發生於此時此地，生命的質素是包羅萬有的，包括與上主、鄰居和環境的關係。住在地上要求一種生活方式，這方式是關係全人、全社會和全環境。因此，一切經濟活動都與上主連上關係。

3. 土地的神學意義

由上主創造天地開始，上主對土地有絕對主權，土地成為上帝與人相交之所，是上主具體的臨在。上主的主權在彰顯、在擴展，且不斷更新變化。土地的意義因此在不斷更新變化。沃特基在最新力作《舊約神學：詮釋、正典性和主題性進路》（*An Old Testament Theology: An Exegetical, Canonical and Thematic Approach*）用了三章討論土地的聖經神學，非常詳盡和有深度，既將舊約不同時期土地概念作全面綜合的研究，又能連接新約的啟示，闡釋完整基督教正典的土地神學。以下將點出其精華論述。[12]

上主的國度常介入地上，舊約聖經聚焦上主國度介入以色列地，特別在其首都耶路撒冷。土地在聖經神學中佔重要地位，首先它有存在的必要，起初上帝創造天地，地象徵一種由混亂到秩序的轉移，是一種地域的空間。創造主是大自然一切恩物的來源，給予全人類享用；祂給予以色列特殊恩物，包括土地，也是大自然的秩序之一。不單如此，土地更是含有社羣性意義；它盛載記憶和有意義的存在，它象徵人的根源。對於舊約以色列民來說，土地為他們留下的集體記憶，便是上主在其中獨特地同在，上主揀選理想的土地來供應其子民，使他們得蒙保護。

從敍述列祖的經文開始，選民不斷學習與老家分離，離開他們的家和文化，那些沒有敬拜上主的子民，他們要憑信前往陌生地，因信上主啟示的話和應許而冒險，為要得著上帝所應許的新事。列祖盼望上主所應許給他們的土地，那地有無休止的安息。他們存著這盼望而學習作客旅，寄居陌生而墮落的世界，甚至淪為奴隸。這盼望一直傳流到舊約聖經結束書卷，不論是以瑪拉基書或是歷代志下作結，以色列人仍是盼望得地為業，仍盼望安息。理想的土地是安息之所，是上主同住之所。

飄流曠野生活的以色列民缺乏正常的生活和社會結構，面對環境和敵人的威脅，卻尋找到在上主裹的生命。奇妙地，上主將曠野轉化為宴會廳，主動為居無定所的以色列民設計一個豐富的環境，其豐足及得上任何定居之民。曠野是資源最缺乏的地，只要上主同在它能滋潤人。

曠野也是以色列民的集體回憶，在那裏上主之民學習到珍貴的神學真理，且會世世代代相傳下去。在那裏，他們學到：（1）上主是扭轉乾坤的改革者，祂填滿空洞的人，使飢餓者不再飢餓。從曠野經歷所得對上主深刻的認識，植根以色列民的心裏，如哈拿和馬利亞對上主的稱讚（撒上二 5；路一 53）。

（2）活著最重要是守上主的誡命，守祂的話。他們活著不是單靠天然的食物，乃是靠上主口裏所出的一切話，如申命記八章 1 至 10 節所記：「……你也要記念耶和華——你的上帝在曠野引導你這四十年，是要苦煉你，試驗你，要知道你心內如何，肯守他的誡命不肯。他苦煉你，任你飢餓，將你和你列祖所不認識的嗎哪賜給你吃，使你知道，人活著不是單靠食物，乃是靠耶和華口裏所出的一切話。……」（3）沒有屬地的日子，學會了懼怕上主，尊敬上主。他們不敢在上主旨意以外，將石頭變成餅。這是耶穌深受舊約教誨的反應（路四 3～4）。（4）學會堅忍和信靠。真正信靠上主的人不會發怨言或試探上主，遇資源缺乏如住在曠野時，會堅忍下去，直到終點為止。保羅引用舊約以色列民在曠野的失敗作警戒，在哥林多前書十章 10 至 13 節如此說：「你們也不要發怨言，像他們有發怨言的，就被滅命的所滅。他們遭遇這些事都要作為鑑戒：並且寫在經上，正是警戒我們這末世的人。」

土地的意義在基督道成肉身後重新定義，有三個指向；[13]（1）土地的靈性意義指基督本人。迦南地有聖禮價值，被上帝的獨特臨在所聖化。以色列人在其中經驗她與上帝的獨特關係。耶穌基督的到來，讓信徒在基督裏更豐富地經驗這聖禮的價值，因此在基督裏的生命成就了賜土地的應許。（2）超越性指天上的耶路撒冷。（3）末世性指基督第二次來後的新耶路撒冷。「土地」不再以地理觀念為主，土地的教誨在舊約指以色列人在迦南地的生活，在新約卻轉化為指在基督裏的生命。舊約的土地現在被轉化作為基督徒生命的典型。昔日應許賜給以色列民流奶與蜜的地，現今成為在基督裏生命的奶與蜜，成為在天國的參與，有分於一個世界，是遠超過眾聖徒所能想像過的。總結以上舊約土地神學的重要觀念，土地、人和環境，與上主都有直接關係，且要互為相關。人類對待土地就等同事奉上主，土地並其中所有資源是給人類的禮物。這禮物是有附帶條件和責任，要居住其上的人承擔，就是活出上帝要求的生活方式——關懷互助、不濫用土地、不剝削動物和鄰居、供全體一起歡慶享受。土地是上帝應許的具體實現，但仍是祂所擁有及掌權。土地資源不會令人得安息，只會指向在基督裏得安息，因此遵行祂的誡命比享土地之福更重要。即使人失去土地自主權，失去土地資源，仍應信靠上主，堅忍度過。上主應許有關土地的信息依然有效，那應許土地的安息實現在主基督裏。舊約土地神學雖不著眼於土地作為生產資源的性質，上主也從沒限制經濟發展模式，卻規範人類的生活態度和運用資源的原則，這是與經濟活動相關的。

三 現代資本主義的特色和危機

1. 現代資本主義的特色

資本主義理論之父史密斯（Adam Smith）於一七七六年出版的《國富論》（*An Inguiry into the Nature and Causes of the Wealth of Nations*）[14] 成為政治自由主義的理論文獻，提倡個人自由的系統是國家繁榮富強配合體，甚至是必要條件，至今仍被經濟學家引用作為支持政府少干預經濟的主要論據。史密斯生長於啟蒙時代，當時大多數知識分子受科學的成就所薰陶，滿懷信心。他確信只要經濟體系在機械地運作，個體自利可以提昇社會美好，即使他個人沒有此動機。

《國富論》有四個理念影響資本主義經濟：（1）交易創

造財富。交易造就分工，分工和專門化可改良技術和引發機械化，增加生產力，市場系統不是人為有意的作為。（2）市場是透過價格自我調節的系統，價格連繫社會利益。（3）資本理論。工人的生產力和專門化的提升取決於兩個條件；就是交易的可能性，和資本的先存累積。資本分流動和固定資本。（4）國際貿易理論。同一原理，市場系統會提升生產效率，基於價格自動調節，會創造國家整體財富。史密斯的論說自由市場經濟體系，其思想不斷受追捧，如近代芝加哥大學經濟系更是其大本營，認為市場這「無形的手」會最好地提供社會最大利益，因此政府應採取自由放任政策（laissez-faire role），讓市場自由運作。這也是香港政府的經濟政策，近年卻受到質疑和反思。

資本主義不等如市場，因為極權政府官治或社會主義政治制度下，也有市場運作。現代資本主義的特徵是複雜的元素，包括私有產權、個人自由進出勞動市場、產權大部分私有、保障自由貿易、訊息流通。雖然資本主義體制信奉自由市場，但世上沒有一個國家是完全自由市場主導，而是混合型經濟，政府扮演一定角色，包括國有化部分資產，監管和調節市場運作。市場主導經濟與政府角色之間的關係，在經濟學者間仍爭論不休。奉行政府積極不干預的有：一九七六年諾貝爾經濟學獎得主的芝加哥學派大師佛利民（Milton Friedman）、美國聯邦儲備局前主席格林斯潘（Alan Greenspan）等。另一邊是二十世紀最偉大經濟學家凱恩斯（John Maynard Keynes），他最具影響力的著作是一九三六年出版的《就職、利息與金錢的通論》（*General Theory of Employment, Interest and Money*），[15] 提出市場力量不能常常可靠，不能提供全民就業，因此在經濟危機時期，市場會因著政府干預而得益。

隨著全球化及科技的進步，令資金全球流動，財團成為一股左右市場的大集團，金融體制也成為現代資本主義經濟的背脊。現代資本主義另一特徵是繁榮與蕭條交替循環（Boom and Bust Cycle），自一七七六年至今二百三十多年來市場經濟體系經歷過多次大衰退；一八四一年美國銀行倒閉，一八七三年華爾街銀行破產引致美國五年衰退，一九二九年美國股市危機開始六至七年大蕭條，一九三一年大蕭條蔓延至歐洲，一九七四年石油危機，一九八七年美國股市大瀉引致衰退，一九九八年亞洲金融風暴，二〇〇七年美國次按危機引發二〇〇八年金融海嘯。

2. 現代資本主義的危機

現代資本主義所衍生的困難和危機，包括貧富懸殊、機會不平等、環境污染[16] 和浪費、失業上升、家庭失效、貧窮加劇等等。社會學家沙奧達（Peter Saunders）於一九九五年出版的著作《資本主義：社會性審查》（*Capitalism: A Social Audit*）批判資本主義這部強調不斷增長的機器，對貧窮國家、環境及人類快樂造成的禍害。最後論到資本主義的將來，他認為資本主義國家受壓是因為它成功地令全球都採用這制度。[17] 英美國家的失業加劇，並成為最大負債國根源是家庭失效，欠缺關懷的社會。[18] 他分析問題的根源來自美國個人主義的自私文化。[19]

面對現代資本主義的危機，經濟學家和社會學學者提出多種改善資本主義的方案，主要有五種：（1）改良資本主義制度，提倡一系列的新產權、出生權、信託組織和基金，保護大家共享的資源如空氣、水源和森林等；以信託的方式為未來後代保管大自然共享資源，在現有的公營機構即政府，私營商業機構外，增加一種為信託部門。這方案由巴拿斯（Peter

Barnes）在其著作《資本主義第三版：重拾公共資源的指引》（*Capitalism 3.0: A Guide To Reclaiming the Commons*）提出。[20]（2）建設個人道德架構，重建核心價值。[21] 重拾資本主義的根基，與古老的猶太人和基督教倫理一致，追求利潤的同時卻不必忽視他人的需要。（3）以集體智力為基礎的社會，布朗（Phillip Brown）、勞德（Hugh Lauder）提倡向西方資本主義的核心——也就是其內在的基於市場個人主義的指導體系發起挑戰。[22] 這極可能是中國社會主義市場經濟體制嘗試的道路。（4）固守個人權利的自由社會，因為經濟的困難，是源於政府太多干預，若能讓市場自由調節，經濟會自然復蘇。若社會個體有道德性和理性，社會便會表現出最好的進步，並且市民有快樂的生活。[23]（5）提倡工人控制的企業，將保障全民就業的政策注入經濟體制。[24]

四 從舊約土地神學反思現代資本主義

1. 產業及財富觀

舊約聖經的產業觀念較資本主義的闊，前者所指的產業或財富共有七種：（1）土地：包括其蘊藏的天然資源。上帝將迦南地給予選民每個宗族，產業權是屬家族性而非個人性。如詩篇一百零五篇 11 節：「說：我必將迦南地賜給你，作你產業的分。」（2）買賣而得的財富（參箴三十一 16～19）。（3）耶和華本身是產業，如：詩篇十六篇 5 節：「耶和華是我的產業，是我杯中的分；我所得的，你為我持守。」申命記十章 9 節：「所以利未人在他弟兄中無分無業，耶和華是他的產業，正如耶和華——你上帝所應許他的。」（4）智慧知識是產業，箴言十四章 18 節：「愚蒙人得愚昧為產業；通達人得知識為冠冕。」（5）兒女是產業，詩篇一百二十七篇 3 節：「兒女是耶和華所賜的產業；所懷的胎是他所給的賞賜。」（6）上帝的教誨是產業，詩篇一百一十九篇 111 節：「我以你的法度為永遠的產業，因這是我心中所喜愛的。」（7）睡覺，傳道書五章 12 節：「勞碌的人不拘吃多吃少，睡得香甜；富足人的豐滿卻不容他睡覺。」

現代資本主義看一切可以在市場定價的東西，實物或非實物都可以創造財富，包括物業、外匯、債券、期貨合約等。價格是計算產業的價值的標準，在供求互動下價格自由浮動，因此產業不保證創造財富。按舊約的訓誨，耶和華自己不是我們用錢買到的。面對市場制度，舊約產業觀給予補足，因價格制度不是萬能的，世上確有不用交換而得的財產。

舊約土地的享用是有條件的，需要人們以體諒和關懷的生活方式善用資源。金錢或物質只是財富的一部分，且是受限制的。安息日的規條，六日勞碌賺取利潤，第七日要停止賺取，並且要與家人享受天倫樂。無論愉快生活抑或健康的作息規律也是財富。

舊約有關土地的訓誨，指示人需要保管和珍惜善用資產。舊約將土地與房屋分開處理，田地可以贖回（利二十五 23～34），因為田地是人的本。對現代信徒的提示是小心保本，要分辨自己的本，可以是令你資產增值的財富，令你有勞動力的身體，令你增長信心和智慧的神學學問，令你得永生的基督生命。耶和華是我們的產業，其意義是慾望之得到滿足，在於敬愛耶和華，而不在於土地，得地和享受的能力在於遵守上帝的律法。這樣，舊約是輕看地上的財富嗎？絕不是，反而賦予它資本主義所沒有的價值，土地（包括一切物質）是與上主有密切關係的，也是天上真實的符號，賦有永恆的意義，崇拜時奉獻的金錢和賙濟窮人的物質都是直接獻給耶和華，存留在天上。

2. 私有產權與自由市場

舊約土地神學看土地屬於上帝，是上帝分配或借給人，人要向上帝負責任，同時定下保障家族產業權的律法，即私有產權，連君主也不可搶奪或隨意挪移地界（申十九 14）。以西結書四十六章 18 節：「王不可奪取民的產業，以致驅逐他們離開所承受的；他要從自己的地業中，將產業賜給他兒子，免得我的民分散，各人離開所承受的。」例如拿伯不賣葡萄園的事件（王上二十一 1～4、15～19），即使亞哈王是統治者，也不能強迫拿伯賣地，因為拿伯受上帝定下的法規所保護，產權歸拿伯的家族所有，上主會親自追究責任。

舊約私有產權的基礎與資本主義不同，不是基於個人主義，乃是基於土地乃上帝所擁有，在保障家庭產業的原則下，私有產權是屬於羣體而不是屬於個人的。上帝借給我們用，不是我作主人，所以不能無限滿足個人私心。私心是受限的，要為全家族、全民族的幸福來開發產業。這觀念也反映在箴言三十一章賢德的婦人，她代表敬畏上帝的智慧人，為家族謀利潤和幸福。市場在舊約古代已經存在，在私有產權的保障下，可以合法買賣田地的產物，卻不可搶別人的地。

上主訓誨子民的律法中承認市場經濟，而且預見不會有均富，且富者愈富，貧者愈貧。祂為子民設定法例作出規管：（1）利率政策；就是限制兄弟同胞之間借貸不可收息，在當時通脹甚微的環境，這是十分公平的，保障人民互助。（2）保地業法規，有保本作用（參利二十五 25～31、47～49）。（3）贖回規例；如贖回土地的法規，禧年釋放奴隸和免債的規例。上帝的設計精義在於讓窮人翻身，既不阻礙經濟活動，又讓社會有週期性調整，建設持續安居和自主的社會。

市場在舊約古代近東時代已經存在，買賣在供求下議價而定，牲畜、人口、連土地也可以進行買賣。上主要求以色列民與外族分別出來，要看奴隸有人身的尊貴，可享安息日和安息年，禧年可以重獲自由。明顯地上主在限制市場。

現代資本主義制度卻是市場主導，自從史密斯提倡市場機制會自動調節達至社會最大利益，個人只為自己利益著想進行交易，市場是無形的手推動社會經濟平衡，政府干預愈少愈好。這已成為西方國家的資本主義的信仰或金科玉律。因此，資本主義乃建基於私有產權受法例保障。資源大部分屬私有，較少屬國有。隨著社會主義在很多國家經驗行不通，全球發展市場經濟，訂立業權法保障私有產權，可以自由買賣。私有產權包羅萬有，如生產資源、物業、知識、創作、科技、形象、財富、專業服務等。所有有形的物質和無形的能力都可定價，只要有供求雙方，就可以在市場買賣；而人在市場上是一種勞動力，是人力資源，其價格以供求決定，即市場價值。

個人自利在自由市場的經濟理論上是必需及有效的，能生產社會最大的財富，這想法真的是金科玉律嗎？這個想法受到經濟學家具實證的質疑，即：「市場失靈」論，其思想淵源可追溯到十九世紀英國功利主義哲學家斯格域（Henry Sidgwick）。此君並不反對自由經濟，只不過認為自利行為可令社會偏離完美。原因有二，其一是自由經濟雖或可創造最大社會財富，但人類應有財富以外的價值追求；其二是自由經濟本身亦不一定能創造最大社會財富。第一點涉及哲學觀點，見仁見智。影響現代經濟理論的則是第二點。

斯格域的思想，於二十世紀初由經濟學家庇古（Arthur C. Pigou）發展，並於五十年代進入嚴格經濟分析領域，成為定論。對於這個理論本身，經濟學家乃至絕大多數政界人士皆無異議，問題是，在現實世界中，大家對市場失靈的可能性、普遍性以及由政府補救所引起的正反面後果有不同看法。由於爭論都是實證方面的，而實證研究遠遠不可能全面，結果大家都如瞎子摸象，各執一方，政府規管是多是少，便只能隨現實世界事態發展而出現鐘擺現象。[25] 政府規管確有必要，正如現實所見，全球各國並非奉行絕對的自由市場經濟，也不是奉行絕對的共產主義，而是混合經濟模式。

至於大市場，由市場主導社會達至最大社會財富，已經在三十年代受到經濟大師凱恩斯的質疑，到最近金融海嘯引起經濟學界深切反省。二〇〇八年十月二十三日美國眾議院監管和政府改革委員會就金融危機召開聽證會，「格林斯潘在會上承認，自由市場思想觸發這次百年一遇的信貸海嘯。正因為自由市場機制過去四十年一直行之有效，格林斯潘才對這場信貸危機感到如此震驚。對於在位期間反對規管衍生工具，他承認自己須負上部分責任。他在二〇〇五年一篇演說中曾表示，自我規管對限制風險的效用比政府規管佳。同樣有出席聽證會的證券及交易委員會主席考克斯（Christopher Cox）亦表示，沒有授權一個機關去監管投資銀行是致命錯誤。不過，格林斯潘強調，縱使他二〇〇五年曾提出關注信貸市場風險可能被低估，但最後引發的危機影響之廣卻是他始料所不及的，他自己也感到震驚及難以置信，並指出投資者不理樓市不可能永遠好景，大量追捧以次按作抵押的證券，以及樓價下跌等問題，同樣是導致金融海嘯的原因。」[26]

過分信任自由市場，不會帶來社會利益，而是災難。當然問題不止如此簡單，政府主導的計劃經濟也證明失敗。盲目由市場決定人生方向或價值，肯定是錯誤。上主限制以色列民的市場主導是為了保障他們的幸福。祂要我們不在經濟體系下定義自己，人不單單是勞動力，人也不是如商品般被市場價值所定。人乃是按上帝的形象被造的，在關係中存活的實體，是有人倫關係的個體，應受尊重，在家庭及人倫中有價值。

個人自利主義是發展資本主義的其中一個根基，卻不斷破壞關愛的社羣。為何個人自利會帶來社會大利？這思想背後先假設人是理性和具個人德性的。資本主義理論之父史密斯生長於理性主義啟蒙時代，對人的理性和科學成就充滿信心，對人的道德性有正面理解。他寫作《國富論》之前三十年，於一七四六年已出版《道德情操論》（*The Theory of Moral Sentiment*），在其中〈論美德的特徵〉（"Of the Character of Virtue"）結論時有開頭的一段話：

> 對自己幸福的關心要求我們具備謹慎的美德；對他人幸福的關心要求我們具備正義和仁慈的美德，前者約束我們不去損害他人的幸福，後者則鼓勵我們去增進他人的幸福。……第一種美德最初是我們的自私的感情向我們提出的要求，後兩種美德最初則是我們的仁慈的感情向我們提出的要求。然而，若考慮到他人的情感，便會強化和指引我們對所有這些美德的踐行，任何人，若他在自己的整個一生中，或一生的大部分時間中都堅定不移地踐行謹

慎、正義或恰當的仁慈這些美德，其行為主要的便是受考慮到想像中的公正旁觀者、心中的偉大居住者、對行為做判斷的偉大的法官和仲裁人的情感的指引。[27]

可見資本主義的市場體制是建基於有內在德性的人，認定人心中有一位偉大的居住者，亦是史密斯信仰的基督的靈，才會在私利中顧及他人。基本上，建基於有羣體的個人主義。

可惜，他忽略了人的罪性，將心中的偉大居住者趕走。個人主義變化為貪婪主義，腐蝕基督信仰的羣體性，得救和信仰生活也變得個人化。個人道德失落必然引致市場崩潰失效，如信貸危機，其中一個禍因是美國人先花未來錢，[28] 不負責任的舉債文化，引發次按危機。人的貪婪加上奉行小政府政策，任由貧富懸殊極化，財富集中小撮人手上，引致困苦人無望翻身。由聯合國人類居住委員會公布「二〇〇八／二〇〇九全球城市現況報告」發現，香港已成為亞洲財富分配最不平均的城市。[29]

總結而言，基於舊約土地神學，財富是族羣所有，也是上帝的委託；上帝的心意是要人有責任地運用私有權時不單利己，乃為家族和社羣利益。產業受上帝的誡命保障，正如利未記的精義，清楚規限買賣的權利，和贖回土地的權利。按著上帝誡命的藍圖，因此，政府要監管市場，要立好法，嚴謹執法。我們應維護資本主義社會的基礎：人人受尊重，人有理性和道德性，自由作買賣決定；資本主義前設人人平等獲得資訊，在市場中自由出入之權。信徒應運用自己的自由作出理性的買賣決定，對自己的產業運用得宜。這種自由是順服於上主的自由，願意為別人的幸福犧牲自己所本有的產權，而不是貪得無厭的自利。

3. 追求增長－財富累積、利潤最大化

按照舊約，土地是上帝的創造，按著大自然的規律和季節週期而變化，人在其中生活只有應對而不能操控。創世記四十一章記載亞伯拉罕的子孫約瑟在埃及為法老解夢，上帝在夢中指示將有七年豐年，和七年荒年。約瑟解夢後，明白上主的作為確定，更提醒法老要好好應對，善用七年的豐年，謹慎管理及儲糧，好在荒年之日養活百姓。

上主為子民運用土地定下多項規定，因土地需要休息。安息年規定人不耕種，讓田地休息，田地有停產規律。這是一種農業經濟衰退吧，原來上主的心意：增長不是永無休止的。土地是讓人享安息，安居之地，因此經濟發展是要為人的幸福著想。當以色列民濫用土地，導致被逐出土地。因為，上主解說以色列民被擄是讓土地安息。以色列民失去土地自主權，正是上主要還土地尊嚴。另一條例是禧年，既在這年讓田地安息，也要歸還給原屬的家庭。對於日常的耕種所得，上主也有規定，收成要與無依無靠的人分享收成。不可盡割田地的收成，為貧窮的人留下。由此而推之，舊約土地神學有一種精義，就是買賣或經濟活動只是人生的一部分，要以上主為中心，在運用財物上實踐上帝的教訓——與人共享，保育大自然，不盡滿足己慾，危難時為家人及缺乏的人供應所需。

資本主義的追求目標卻是利潤最大化，企業以利潤最大化和財富增長作為目標。經濟增長成為資本主義的優勢，賺錢是做生意的目標。社會福利留給政府做。企業若沒有道德和社會責任感，為達利潤增長的目的，不考慮產品為人帶來利益或禍害。市場只會定價，不會定義害人的商品，只要有供求，便有價錢，便可買賣，自由運作，如煙草生意。這種現象，受到知

識分子、社會學家，環境保育人士的詬病。

中國人民大學國際關係學院博士生以「當代資本主義」為專業課，在李景治教授指導下共同研究，並於二〇〇一年出版的《當代資本主義的演變與矛盾》，總結資本主義追求增長的後果：「資本主義制度下財富的快速增長，使得物質享樂主義惡性膨脹，形成了高消費、高浪費的生活方式。物慾橫流，是資本主義制度下人們無限制地追求物質滿足的真實寫照。物質財富的生產成為衡量一個國家發展程度的惟一標準，於是形成了對國民生產總值的崇拜。……但這種增長方式和生活方式是以資源的大量消耗為基礎的。」[30] 雖然資本主義追求財富增長，但市場經濟有繁榮與蕭條的交替循環，生產資源和資金也有盛衰週期，事實財富不會是無止境地增長。

資本主義的信念之一是貿易造就大規模生產，進而分工和專業化，導致財富增長。在這信念下，企業追求大規模和高增長，以大吞併細。大規模企業和高增長是否一定美和富？英籍經濟學家舒馬赫（Ernst F. Schumacher）於一九七三年出版一部著作《小即是美》（*Small is Beautiful*）論說資本主義的危機，大不一定美。他提出可持續發展遠象，就是小規模企業的經濟體系，企業由僱員擁有，生產採用清潔的科技。[31]「經濟增長是企業惟一的目標」這信條在歷史悠久的資本主義制度國家已經受動搖，歐美大企業開始注重社會責任和員工的健康和愉快。生產程序不濫用資源和浪費，和保護大自然資源可持續生長。

當我們要追求發展時，舊約的誡命指示人類要照顧自然的尊嚴，關懷住在其中廣大的人羣。資本累積推動經濟發展，究竟資本指甚麼？理財投資的向度是否要擴闊？發展又指甚麼？全球愈來愈多國家關注生態環境的質素，追求持續發展，追求人才成長。多人卻在吶喊：應投資於扶貧濟世，收窄貧富懸殊，追求生活愉快。

五 結語——活在現代資本主義

基督徒活在市場經濟的資本主義社會，卻不歸屬它，也不為它而生。它只是其中一種人類生活的模式，有不完善之處，仍需修改和演變。我們應發揮其優勢使社會大眾得益，讓所有人分享世界資源的成果。我們要維護理性和人道的資本主義，警覺面對資本主義的危機。同時它不是我們的主人，不能主導我們的一切活動及價值。我們萬不能以市場為命運的主宰。我們持守聖經的教訓和上帝的要求，尊崇上主才是一切資源的主人。這不同於將一切經濟活動宗教化。誠信、道德、羣體利益、資源共享等等，確實是資本主義及市場良好運作的條件，不應將信仰的持守與經濟活動或理財對立。基督徒追求最好的福分不是物質的土地所出之物，而是在基督裏的生命，能活在各種經濟體系，在其中享受上主。基督徒也要準備好活在經濟或盛或衰，或富或貧時，堅忍並遵行主的教訓。

註 釋：

1. Bruce K. Waltke, *An Old Testament Theology: An Exegetical, Canonical, and Thematic Approach* (Grand Rapids: Zondervan, 2007), 558. 沃特基教授是近代舊約學者，是溫哥華維真學院（Regent College）聖經研究的榮譽退休教授，奧蘭多的改革宗神學院（Reformed Theological Seminary in Orlando, Florida）舊約教授。整本舊約神學的著作，用禮物作為舊約的神學中心，分為三十八章論說，其中有三章以土地的禮物（The Gift of Land Part 1:

Joshua, Part 2: The Old Testament, Part 3: The New Testament）為題。從中可見土地神學在舊約和新約中的連繫。

2. Waltke, *An Old Testament Theology*, 558.
3. 舊約神學大師艾殊羅特（Walther Eichrodt）於一九三三年用德文出版了一套舊約神學，一九六一年被譯成英文，為舊約神學的研究開闢新的道路，該書也成為主題式舊約神學的經典著作。他提出處理舊約思想一定要避免由基督教教義衍生出來，而應盡所能依循舊約聖經自己的辯證思路而出。按這方法，他認為舊約的思想啟示上帝是屬於立約的子民，藉著祂對約民的治理證明自己是世界的上帝，和個人的上帝。上帝用約將子民與自己捆綁在一起。參 Walther Eichrodt, *Theology of the Old Testament* (London: SCM Press, 1961, 1987), 33。
4. David J. A. Clines, *The Theme of the Pentateuch* (Sheffield: JSOT Press, 1978, 1982). 書中詳細列出五經中這三個應許的經文（參頁 31～43），並分析這應許緊扣五經，有其神學意義。
5. 蔡爾茲（Brevard S. Childs）是美國舊約神學學者，生於一九二三年。他於一九五八年起在耶魯神學院任教，一九七〇年代提出「正典性進路」（canonical approach）研究聖經神學，將整本聖經作為正典的文本研究，成為二十世紀後期重要的舊約研究方向。舊約神學著作有：*Biblical Theology in Crisis* (Philadelphia: Westminster, 1970)；*The Book of Exodus: A Critical, Theological Commentary* (Louisville: Westminster, 1974)；*Old Testament Books for Pastor and Teacher* (Philadelphia: Westminster, 1977)；*Introduction to the Old Testament as Scripture* (Philadelphia: Fortress, 1979)；*The New Testament as Canon: An Introduction* (Philadelphia: Fortress, 1984)；*Old Testament Theology in a Canonical Context* (Philadelphia: Fortress, 1985)；*Biblical Theology of the Old and New Testaments: Theological Reflection on the Christian Bible* (Minneapolis: Fortress Press, 1993)。
6. 馬田斯（Elmer A. Martens）是加拿大人生於一九三〇年。他於一九七五至九五年在門諾弟兄會聖經學院（Mennonite Brethren Biblical Seminary）任舊約教授，一九九五年起任榮譽教授。著作有：*Plot and Purpose in the Old Testament* (Downers Grove: Inter-Varsity Press, 1981); *God's Design: A Focus on Old Testament Theology* (Grand Rapids: Baker Book House, 1994); *Jeremiah: The Believer's Church Bible Commentary Series* (Scottsdale: Herald Press, 1986)。
7. Childs, *Old Testament Theology in a Canonical Context*, 242～245.
8. Childs, *Old Testament Theology in a Canonical Context*, 243.
9. Childs, *Old Testament Theology in a Canonical Context*, 244～245.

10. Childs, *Old Testament Theology in a Canonical Context*, 245.
11. Martens, *God's Design: A Focus on Old Testament Theology*, 108～115.
12. Waltke, *An Old Testament Theology: An Exegetical, Canonical and Thematic Approach*, 537～587.
13. 詳細的討論請看：Waltke, *An Old Testament Theology: An Exegetical, Canonical and Thematic Approach*, 576～587。
14. Adam Smith, *An Inquiry into the Nature and Causes of the Wealth of Nations* (London: George Routledge and Sons, 1913).
15. John M. Keynes, *General Theory of Employment, Interest, and Money* (New York: Harcourt, Brace, 1936).
16. 耶魯大學森林及環境研究學院教務主任思裴斯（James Gustave Speth）在其著作 *The Bridge at the Edge of the World: Capitalism, the Environment, and Crossing from Crisis to Sustainability* (New Haven and London: Yale University Press, 2008) 裏提出對環保前景的信心來自民主體制，只有市民被充權和醒覺可持續發展的重要，他們就可以透過更新美國的政治，從而改變政策和商界。
17. 「資本主義並不是頻臨崩潰，而是在西方承受壓力。……這些威脅和張力源自資本主義的成功，因它成功發展到全球化的規模。現在一方面有亞洲的競爭，另一方面是東歐社會主義的崩潰引伸的困難，令西方資本主義國家戰後的繁榮和穩定受到這雙重威脅。」引自 Peter Saunders, *Capitalism: A Social Audit* (Minneapolis: University of Minnesota Press, 1995), 105。
18. 「正如英國一樣，美國的製造業衰落，而大量新工種卻是低工資的服務業職位。美國的製造業出口現在已被日本取代。一九九〇年底美國已成為世界最大負債國，政府預算赤字超過三萬億（相等於政府三年的總收入）。美國眾城市因著無家、濫藥、罪案等令社會正在枯萎。文化上，美國的學校制度危機長期未解決，導致美國兒童在科學知識上比較所有工業國都成績最低。根據歐伯（Michel Albert）的見解，凡此種種反映：美國已成為家庭失效，貧窮擴散，分崩離析和欠缺關懷的社會。」引自 Saunders, *Capitalism*, 109。
19. 「歐伯認為這些困難的根本原因在於美國的個人主義文化。他相信個人主義長期以來受到兩種力量抗衡，一是強大的社會共識，這共識建基於宗教的道德，二是憲法的神聖得到廣泛認受。但現在這些道德根基已受侵蝕，剩下的是赤裸裸的自私自利和追求快回報。……資本主義不能維持一個充滿快樂個體人的健康社會，除非它受大眾認受的道德架構支撐著。根據歐伯的見解，新美國資本主義模式不再如此，尊嚴和信任已消失，整個系統已演化為自私和腐化。」引自 Saunders, *Capitalism*, 109。文中所提的著作：Michel Albert, *Capitalism Against Capitalism*（London: Whurr Publishers, 1993）。中譯本：歐伯著，莊武英譯：《兩種資本主義之戰》（台北：聯經出版社，1995）。

20. Peter Barnes, *Capitalism 3.0: A Guide to Reclaiming the Commons* (San Francisco: Berrett-Koehler Publishers, 2006).
21. 「這需要個人受到誘動去作出某種行為，需要一些符號為市場交易產生的不平等情況，提供合理的理由，它需要一套核心價值將人民連繫一起，這些價值涉及互相承擔義務和社會責任。……面對如英美等國道德分崩離析，新保守主義的有識之士近年志力論説資本主義市場系統，與猶太—基督教道德相符，而追求利潤並不必然忽略他人的需要。後現代文化中，有空間給人重新肯定古舊的道德品格，正如它同樣有空間給那些尋求新事物的人。」引自 Saunders, *Capitalism*, 119。
22. 布朗（Phillip Brown）、勞德（Hugh Lauder）著，劉榜離、張潮譯：《資本主義與社會進步——經濟全球化及人類社會未來》（北京：中國社會科學出版社，2006）。
23. Tibor R. Machan, *Capitalism and Individualism: Reframing the Argument for the Free Society* (New York: St. Martin's Press, 1990).
24. David W. Haslett, *Capitalism with Morality* (New York: Oxford University Press, 1994). 書中提倡的經濟體制有七大特徵：（1）生產資源私有。（2）終生承繼財產限額。（3）鼓勵工人控制企業的政策。（4）可歸還的薪金收入信用（earned income credit）足以確保所有工作家庭的家庭收入在貧窮線之上，配合其他稅務改革。（5）與收入關連，和分擔成本方式的政府政策，以確保人人享有合宜的醫療保健，學校教育，職業訓練，學前兒童照顧。（6）保障全民就業的措施。（7）刺激資本累積的措施，以推動經濟增長，同時顧及環境保育。
25. 引自練乙錚：〈矯枉不要過正，格老認錯難堪〉，刊於《信報》（2008 年 10 月 25 日）。
26. 〈金融海嘯格老承認責任、道指跌逾百點〉，刊於《信報》（2008 年 10 月 24 日）。
27. 引自史密斯（Adam Smith）著，余涌譯：《道德情操論》（北京：中國社會科學出版社，2003），頁 295。
28. 參林行止：〈官民同花未來沒有的錢惹禍〉，刊於《信報》（2008 年 10 月 21 日）。
29. 參 hk.news.yahoo.com/article/081023/3/8vp5.html 的報導。有關香港的貧富懸殊的分析，可參城市大學社會科學部講師黃洪於二○○○年刊的一篇文章：〈香港貧富懸殊問題的回顧與未來〉，參網址：www.hkjp.

org/download/doc/0200/jpnews_4.doc；或樂施會的資料：www.cyberschool.oxfam.org.hk/articles.php?id=91。

30. 李景治等：《當代資本主義的演變與矛盾》（北京：中國人民大學出版社，2001），頁 409。
31. Ernst F. Schumacher, *Small is Beautiful: Economics as if People Mattered* (New York: Harper & Row, 1973).

金融・信仰——金融危機下的轉機和理財之道

7

當馬太效應遇上金融海嘯

司徒永富

一 引言

金融海嘯瞬間席捲全球。據悉，美國聯儲局前主席格林斯潘（Alan Greenspan）於二〇〇八年九月十四日接受專訪時，曾直言美國正陷於「百年一遇」的金融危機中，並且極有可能引發一場經濟衰退。因此，很多人稱這次二〇〇八年的金融危機為「世紀金融海嘯」。全球面對著如此來勢洶洶的金融海嘯，幾乎沒有人能倖免於難，即使信徒也要問該如何自處，一方面不至於損失慘重，另一方面能用信仰的世界觀理解世情及機遇。雖然在現實世界裏及信仰詮釋中，均沒有一條標準的進路及答案，但本文仍嘗試以著名社會生活法則——「馬太效應」（Matthew Effect）去探討一下當前的經濟問題，並提出危中有機的可能性，以祈信徒能知所進退。

二 何謂「馬太效應」？

「馬太效應」這個著名生活法則是來自馬太福音中的一個故事，原文可參考馬太福音二十五章 14 至 30 節及路加福章十九章 11 至 26 節，以下略作修改，把故事更具體化。

> 一個國王要到遠方去，臨行前把十個僕人叫到面前，交給他們每人一錠銀子，吩咐他們：「你們去做生意，等我回來時，再來見我。」然後就出發了。不久，這位國王回來。他又把那十個僕人叫到跟前，要他們報告賺了多少錢。頭一個上來說：「陛下，你交給我的一錠銀子，已經賺了十錠子。」國王讚賞地說：「好哇，你這樣能幹，我就給你權勢，讓你管理十座城邑。」第二個上來說：「陛下，你給我的一錠銀子，我已賺了五錠。」「也不錯，」國王說，「你可以管理五座城邑。」
>
> 又有一個上來說：「陛下，你的一錠銀子在這兒，原封未動！我一直把它藏在地裏，沒敢拿出來。我本來怕你，因為你是最厲害的人，沒有放下的還要去拿，沒有種下的還要收……」國王聽見這話，便沉下臉來訓斥說：「你這惡僕，我要憑你的話定你的罪！你既然知道我是最厲害的人，為甚麼不把我的銀子交給錢莊，等我回來的時間連本帶利地交給我呢？」說著轉身對其中的僕人說：「奪下他這一錠銀子，交給那賺得十錠的人。」
>
> 「陛下，」身邊的人說：「他已經賺了十錠了。」「我告訴你們，」國王說，「凡是少的，就連他所有的，也要

奪過來。凡是多的，我還要加給他，叫他多多益善。」

這個故事後來被知名社會學家莫頓（Robert K. Merton）首次將「貧者愈貧、富者愈富」的現象歸納為「馬太效應」。

綜觀今日的社會面貌，馬太福音所預言的「貧者愈貧、富者愈富」的現象，可說是十分明顯的。至少我們從資源分配層面上，只會看到富有的人所享有的金錢、榮耀以至成就，都一定會比窮人所得的較多。事實上，根據美國《福布斯》（*Forbes*）雜誌於二〇〇八年九月十七日公布的二〇〇八年美國前一百名富豪排行榜，結果微軟集團創始人蓋茨（Bill Gates）雖稍微下跌，但仍以五百七十億美元身價位列三甲。從過往紀錄顯示，蓋茨已經是連續十五年位列前茅。由此看來，「有的愈有」局面真的是現今的社會現象。

三 「贏家通吃」與「80 / 20法則」

在商業社會中，「馬太效應」可以說是無處不在。例如：成功者可以擁有更多資源（如：金錢、地位和權力等），因而輕易踏上成功之路；而失敗者則會輸得一敗塗地、變得一無所有。如此極端的現象，不單反映現實世界的陰暗面，更突顯出「贏家通吃」這個不公平的遊戲規則。

事實上，不少學者都以「馬太效應」為題，指出馬太福音正在訓示世人明白以下的道理：

1. 「你不是個勝利者，就是個失敗者」；以及
2. 「贏家只能是少數人」。

簡言之，「馬太效應」正是意味著「贏家通吃」的意思。因此，要做一個真正的贏家，並不是要跟別人隨波逐流，反而是要學懂如何令自己增值，才是現今社會的生存之道。

除了「贏家通吃」這個遊戲規則外，我們總會聯想到與「馬太效應」有著異曲同工之妙的法則——「80 / 20 法則」。

「80 / 20 法則」又稱為「帕雷托法則」（Pareto Principle）。這個法則最初是由意大利經濟學家帕雷托（Vilfredo Pareto）在一九〇六年對意大利百分之二十的人口擁有百分之八十的財產的觀察而得出的。後來管理學思想家朱蘭（Joseph M. Juran）和其他人把它概括為「帕雷托法則」。簡單而言，此法則是泛指在眾多現象中，百分之八十的結果是取決於百分之二十的原因，譬如說人們的前期努力等。

因此，「 80 / 20 法則」漸漸成了不平衡關係的簡稱。西武在其《馬太效應——從成功走向成功的捷徑》一書中亦指出，「80 / 20 法則」意味著贏家永遠只能是少數人；而贏家與輸家之間，常常從開始的細微差距，發展為「贏家通吃」的結果。

四 「馬太效應」＝「滾雪球效應」

有人說：「『馬太效應』即是『滾雪球效應』」。亦有人說：「強者恒強、弱者恒弱」，它會構成一個連鎖反應現象：即是一步都跟不上的話，那麼，步步都會趕不上。以下是一個例子：

根據《南方網訊》於二〇〇五年二月一篇報導，位於順德勒流鎮的廣東東菱凱琴集團，其成立之初只有數十人。後來該集團的董事長郭建剛、郭建強兩兄弟憑著其獨到的眼光，取得沃爾瑪（Wal-Mart）、家樂福（Carrefour）、通用電器（GE）等多家國際知名品牌的訂單後，該企業的規模就像雪球般愈滾愈大，成為中國家電製造業中的後起之秀、並且有能力與其他知名品牌如科龍（Kelon）、美的（Midea）等，爭一日之長短。

由此看來，企業只要看準市場上的變動，便有機會迎頭趕上。

五 品牌的「馬太效應」

何謂品牌（brand）？根據美國行銷學會（American Marketing Association）所下的定義是：「品牌是一個名字（name）、名詞（term）、符號（sign）、象徵（symbol）、設計（design）、或是這些的組合，以便認同賣方公司的產品、服務，並與其他競爭者的產品、服務有所差異。」另外，學者廖湘琨博士在《馬太效應——「贏家通吃」的遊戲規則》中亦提及品牌是潛藏在消費者腦海中的一種形象認知、感受、聯想或上述的總和。品牌除了可以作為與競爭者的識別系統外，更可以鎖住顧客，稱之為「品牌忠誠度」。一個成功的品牌，其品牌忠誠度會較高。因此，這些忠誠顧客並不會任意轉換品牌，而且還會將之介紹他人、為該品牌引入新客源。正如廖湘琨在文中所言，愈是成功的品牌，就愈能夠產生「馬太效應」，即是愈成功的品牌，將會更成功。

1. 品牌的「馬太效應」成功例子

根據英國品牌顧問公司 Brand Finance 於二〇〇七年三月

公布的全球最具價值品牌報告「BrandFinance250」，在被選中二百五十個最具價值品牌中，美國可口可樂（Coca-Cola）以價值四百三十一億四千六百萬美元（約三千三百六十五億港元）高踞首位。有報導指可口可樂的首席總裁曾對傳媒說過：「假使全世界所有的可口可樂製造廠在一夜間化為灰燼，我也可以靠這個品牌重新建立起新的可口可樂王朝」。由此可見，可口可樂的品牌威力是何等厲害！觀乎市場上類似的產品愈來愈多，但是可口可樂仍是大眾心目中的至愛。難怪可口可樂可以憑著其品牌的魔力鎖住消費者的心，引起接踵而來的「馬太效應」。

六 怎樣能打破企業「馬太效應」的局面

正如社會科學家莫頓所言，「馬太效應」普遍存在於自然生態、個人、社會及至國家的各個層面。因此，要打破企業「馬太效應」的局面，也不是一件容易的事。然而，沒有企業是可以永遠倚賴「馬太效應」而生存。本文就此問題，歸納出三點會破解「馬太效應」威力的元素：

1. 競爭者犯錯誤

例子：百富勤事件。

在亞洲金融風暴中，曾經盛極一時的本港最大華資投資銀行百富勤突然倒閉，引起全城轟動。環顧當時創立百富勤的人，可說是位位都是城中猛人。當中包括長江實業主席李嘉誠、中信泰富榮智健以及合和實業董事總經理胡應湘等。然而，百富勤最終亦敵不過清盤的命運。

事實上，引發是次惡果全因百富勤放款過度集中。其次是內部風險管理制度未能完善，再加上當時的公司業務傾向於在市場風險和外匯風險較高的地區發展其業務，因而埋下倒閉危機的伏線。

2. 技術革命

例子：谷歌（Google）。

在上世紀九十年代以來，微軟（Microsoft）以 IE 瀏覽器與 Windows 作業系統的捆綁銷售方式，迅速佔據個人電腦市場。然而，谷歌在二〇〇八年中推出 Chrome 瀏覽器後，微軟確實意識到谷歌對它的威脅。

根據谷歌的官方網頁透露，日後大量的工作是可以透過 Chrome 瀏覽器進行的（當中包括搜索、聊天、收發電郵等），刻意營造一個運行互聯網應用的多元化平台。

3. 宏觀環境變化

例子：四川大地震。

天災人禍誰能躲得過？縱使家財萬貫，人類的血肉之軀還是敵不過自然災害。

一場四川大地震，奪去了數以萬計人的寶貴生命，以及無數家園。根據四川汶川大地震專家委員會於二〇〇八年九月四日召開損毀評估記者會表示，大地震已經造成直接的經濟損失為八千四百五十一億元人民幣。

對於在地震中倖存的人而言，他們一切都要重新開始。因為在這一刻，這裏再沒有「贏家通吃」這個遊戲規則。縱使再有錢的人，也不會倖免於難。

七 變幻無常的現實世界——金融海嘯

「馬太效應」雖然會使貧者愈貧、富者愈富，但是，貧者與弱者並不會永遠處於弱勢，他們總有機會翻身的。

今時今日，變幻莫測的世界卻造就了一個機會給一些未成功的人和企業去超越「馬太效應」的。

就以二〇〇八年金融海嘯為例。金融海嘯的起因表面上是濫發信貸的次按風暴，內裏真正的原因卻是美國在過去幾十年輕視生產的重要性。另外，美國長期處於財赤和貿赤，單看二〇〇八年十月，美國的國債已經突破十兆美元。

為了壓制國家濫發信貸而帶來的危機，銀行之間便開始收緊信貨。隨之而起的，就是美國經濟正在徘徊大蕭條的邊緣。

就在這個時候，有人不禁會問道：在這個時勢，企業是否愈大愈好呢？

事實上，自上世紀九十年代起，企業的收購、合併，可說是隨處可見、甚至乎可以說是全球的大趨勢。箇中原因總離不開分散投資、以圖減低風險等。然而，這場金融海嘯卻迫使昔日的商業巨頭改變此想法。

1. 例子一：美國國際集團

世界最大保險集團美國國際集團（簡稱 AIG）在這次金融海嘯中揭露了他高達七百五十億美元的財務危機。受此消息影響，觸發亞洲各地的 AIG 子公司的退保潮。儘管美國聯邦儲備局於二〇〇八年九月十六日晚決定出手挽救，並提供八百五十億美元融資給 AIG，以圖暫時解除全球最大保險機構的破產危機。

事實上，這次美國聯邦儲備局出手相助，可說是開創先河——以緊急貸款來換取 AIG 近八成的股權。然而，由於是次貸款利率定得甚高，因此迫使 AIG 要加快出售資產套現。

昔日的保險界巨子——AIG，如今亦難逃分拆業務的命運。

2. 例子二：華爾街五大投資銀行的命運

昔日遍地黃金的華爾街，如今卻風光不再。曾經是美國五大投資銀行的華爾街大戶，例如高盛（Goldman Sachs）、摩根士丹利（JP Morgan Chase）、貝爾斯登（Bear Stearns）、雷曼兄弟（Lehman Brothers）以及美林證券（Merrill Lynch）等，它們都因為這一場金融海嘯的洗禮，而有各有不同的命運：

根據〈華爾街進入嚴冬〉一文中指出，除了貝爾斯登在二〇〇八年三月被摩根大通收購後，雷曼兄弟亦於同年九月十五日宣佈申請破產保護，而美林證券則在同年九月十四日與美洲銀行（Bank of America）達成協定，以四百四十億美元的價格被後者收購。另外，根據《大紀元時報》早前的報導，美國聯邦準備理事會於二〇〇八年九月二十一日晚亦批准華爾街五大投資銀行中的高盛公司和摩根士丹利轉為銀行控股公司。

從前的華爾街，一直堅守叢林法則，實行弱肉強食。誰不知一場來勢洶洶的金融海嘯，把昔日華爾街五大巨頭狠狠地吞噬。自此，華爾街的投資銀行時代成為歷史。

香港作為國際金融中心之一，面對著金融海嘯的衝擊，又怎會置身事外呢？除了金融市場連日的反覆波動外，這些負面因素亦漸漸蔓延到零售業。

3. 例子三：泰林無線電行有限公司

擁有六十二年歷史的泰林無線電行有限公司（簡稱「泰林」）於二〇〇八年十月十七日突然宣佈全線結業。據悉，欠債近億元的泰林已向高等法院申請清盤，而安永企業財務則被高院委任為臨時清盤人。

沒想到這一場金融海嘯，竟然把本港電器業龍頭之一的泰林踢出局，實在令人擔憂。事實上，隨著本港租金不斷上升，企業如果仍以「薄利多銷」為營銷策略，實在難以維持。再者，金融海嘯的威力，足以令到企業在融資方面遇到困難，因而造成資金週轉不靈。泰林就是一個活生生的例子。縱使泰林主席接受傳媒訪問時表示，自己曾動用七千萬元挽救公司，可惜最終都未能成功。

八 總結

從以上種種的例子看，不難發現企業是不能長久倚賴「馬太效應」而生存。當市場產生一些變數（例如：金融海嘯），便有機會讓後來者追上、甚至吞併。事實上，這場金融海嘯猶如「洗牌」般，把各個企業的位置來個重新大執位。因此，企業必須從這場被喻為「百年一遇的世紀金融海嘯」中汲取教訓：有效運用資源，並且要懂得與時間競賽、不斷創新，以便開創利己的另一輪「馬太效應」，以小勝大便不會再是神話，關鍵在於我們是否能善用機遇。馬太福音二十章 16 節所說的：「那在後的，將要在前；在前的，將要在後」，自有其真確的一面。由馬太效應到後來居上，證明現實的弔詭性——既殘酷又有機。

參考資料

1. 〈格林斯潘：百年一遇金融危機〉，刊於《明報》（2008 年 9 月 16 日），參網址：http://hk.news.yahoo.com/article/080915/4/885q.html。
2. 亞洲管理協會，〈馬太效應——「贏家通吃」的遊戲規則〉（2006 年 7 月），參網址：http://www.akma.com.hk/images/files/newsletter_july.pdf。
3. 西武：《馬太效應——從成功走向成功的捷徑》（北京：機械工業出版社，2004）。
4. 〈魔鬼為甚麼存在於細節之中〉，刊於《牛津管理評論》，參網址：http://www.east-hr.com/manage/show.asp?b=9849。
5. 沈關學：〈東菱謀變，順德一家企業轉型的啟示〉，參網址：http://big5.southcn.com/gate/big5/www.southcn.com/news/gdnews/sd/200502180283.htm。
6. 陳永昌：《品牌之價值》（台北：經濟部智慧財產局，2007）。
7. 諾伊默爾（Marty Neumeier）著，邱順應譯：《品牌魔力丸》（台北：藍鯨出版社，2005）。
8. 〈Coca-Cola 膺最具價值品牌〉（2007 年 3 月 28 日），參網址：http://the-sun.on.cc/cgi-bin/hotnews2.cgi?a=news&b=20070328&c=20070328023713_0000.html。
9. 〈華爾街金融海嘯為禍全球〉（2008 年 9 月 16 日），參網址：http://paper.wenweipo.com/2008/09/16/WW0809160001.htm。
10. 張明：〈華爾街進入嚴冬〉，刊於《大眾時代》（2008 年 9 月 20 日），參網址：http://mass-age.com/wpmu/blog/2008/09/20/4953/。
11. 〈高盛大摩轉型銀行控股〉，刊於《大紀元時報》（2008年 9 月 23 日），參網址：http://hk.epochtimes.com/8/9/23/88837.htm。
12. 楊衞隆：《華爾街完全崩解——世界國力新序列》（香港：香港財經出版社，2008）。

8

從基督信仰看中國誠信危機的出路

司徒永富

一 引言

要在中國地方談誠信，可說是近幾年才被關注的話題。譬如：在「首屆中國企業信用論壇」上，全國人大副委員長蔣正華指出，中國一些企業因為信用缺失而導致的直接和間接經濟損失每年高達五千八百五十五億元：即相當於中國每年財政收入的百分之三十七，而國民生產總值則每年因此至少減少兩個百分點。這到底是哪裏出現了問題呢？蔣正華認為首要的問題在於有些不法商人會以做假方法伺機斂財。事實上全國每年因產品品質低劣、商人製造假貨甚至出售假貨等問題而造成各種損失高達二千億元。其次是賴賬。要知道縱使銀行控告企業欠賬勝訴率達百分之九十五以上，但其執行率卻只有百分之十五；而中國的三角債情況亦相當嚴重。據說很多企業因為被迫採用現款支付而加重了他們的負擔。久而久之，三角債亦成了許多企業關閉的重要原因。再者，銀行投入了大量貸款用於清理企業之間的三角債，卻治標不治本，倒過來增加銀行由於逃廢債所承受的直接損失每年高達千多億元。此外，近年中國的失約率甚高。具體來說，每兩份合約便有一份失約。至於合同欺詐，每年帶來的經濟損失亦高達五十多億元。簡單而言，當前的中國由於信用問題而造成的市場交易無效成本，已佔國內生產總值（GDP）的百分之十左右。長遠來說，信用缺失可能帶來最嚴重的後果是：破壞市場經濟運行基礎、動搖投資者信心。[1]

既然當日全國人大副委員長蔣正華有這麼深切的體會，那麼，時至今日，我國商人又是否真的信守誠信呢？

或許，在「利字當頭」的商業世界，人們總會以私利為先，因此做假、欺詐等情況仍然屢見不鮮。至少現在每當人們聽到那件東西是「中國製造」的話，他們總是耍手搖頭、避之則吉。接二連三的商人做假事件實在令中國人感到丟臉。例如用蘇丹紅造出的紅心鴨蛋、陳年老餡的月餅、假黑木耳等等……人們想起亦開始感到倒胃！

正當我們以為政府機關會對那些不法商人嚴加查辦、試圖遏止做假情況再次發生之際，原來另外又有一班不法分子正在蠢蠢欲動、伺機做假賺錢。不是嗎？隨著北京奧運圓滿結束，世界各地的觀眾仍在再三回味開幕禮當日那些千人太極拳、體操王子李寧凌空跑步、點燃聖火等等……一幕幕振動人心的場面，頓時令西方國家對我國刮目相看。此時此刻，中國似乎在西方強國中漸露頭角。然而，不幸的事卻陸續湧現出來——毒奶事件。

據悉國內大批嬰幼兒食用了含有三聚氰胺有害物質的三鹿牌「有毒」嬰幼兒奶粉後發生腎功能衰竭、腎結石，甚至導致嬰兒死亡。除了三鹿牌奶粉外，此事還涉及國內三大知名品牌，包括蒙牛、北京奧運贊助商伊利和光明等三種液態奶。根據中國質檢局早前對嬰幼兒奶粉和液態奶進行的抽樣調查顯示，上述三個品牌均含有三聚氰胺成分。

毒奶事件乃是有人為了謀利而在產品中加入有毒化學物質三聚氰胺，從而提高奶類製品中的蛋白質來賺取利潤。縱使有三鹿牌客戶投訴其產品的品質，然而，三鹿公司依舊採取「鴕鳥政策」、掩飾其不當的行為。此時，作為三鹿公司第二大股東的紐西蘭公司恆天然集團及紐西蘭總理克拉克（Helen Clark）女士都先後向中方交涉，而毒奶事件亦因此才得以在國際傳媒報導中曝光。

傳統上，中國人是「愛面子」，並且有「家醜不得外揚」的觀念，更遑論是中國政府呢？中國剛剛在北京奧運會傾盡人力、物力，展現中國人的團結和傳統藝術的超凡素質……如今卻爆出毒奶事件，倒給人們認為中國商人是昧著良心賺快錢、喪失對他人生命的尊重。簡言之，奶粉醜聞似乎把奧運後的激情一掃而光。說得更具體一點，就算現在再開多幾個奧運會，也挽回不了中國的面子。長遠而言，外國人還會願意和中國商人談生意、甚至成為合作伙伴嗎？

二 中國建設現代誠信的基礎觀念

在「世界經濟發展宣言大會」中的「世界經濟發展中企業信用論壇」[2] 上，關於中國現代誠信的建設，中國國際跨國公司研究會會長王茂林指出：「中國的經濟穩定增長，已經成為世界經濟活動活躍的帶動力量。誠信問題亦引起中國政府、社會和廣大企業界人士的高度重視。因為大家已經認識到，一個無誠信的社會是難以確保經濟持續穩定增長的。中國在經濟增長和融入世界經濟體系過程中，將大大加強全社會的誠信建設，形成以道德為支撐、產權為基礎、法律為保障的社會信用制度。中國正在營造法制環境，以法律規範引導保障信用體系的建設，進一步規範政府的行為，轉變責任，政務公開，增加透明度，同時倡導市場主體的誠信意識，樹立守信的公共形象，加強社會監督，特別是利潤監督。要建立國家、地方、企業和個人的誠信數據庫，中國將進一步擴大對外開放，為數據發展創造良好的環境。」[3]

其實，他的理念是源自中國共產黨十六屆三中全會通過的《中共中央關於完善社會主義市場經濟體制若干問題的決定》（以下簡稱《決定》），建設誠信的社會目的在於確保經濟持續穩定增長，其手段是通過加強立法和執行。雖然，《決定》提出：形成以道德為支撐、產權為基礎、法律為保障的社會信用制度，是建設現代市場體系的必需條件，也是規範市場經濟秩序的治本之策；但整個重點是放在制度上的改革，主要是以法律規範引導和保障信用體系的建設。所以，北京大學中國經濟研究中心主任林毅夫在〈信用體系是市場經濟的基礎制度〉[4]一文中，也論述到現代信用體系必須要有法律作基礎。要建立全中國的社會信用體系，就要：（1）推廣徵信行業，形成失信懲罰機制的基本條件；（2）加速制定《社會信用信息法》；（3）嚴格執行相關法規，加大對各類企業、個人失信行為處罰力度，使不守誠信的企業和個人，一經發覺，不僅名譽掃地，而且經濟損失遠大於不當所得；（4）規範政府的行為，以提高政府的公信力，成為社會誠信的表率。

二〇〇三年九月十八日，《人民日報》頭版，署名文章〈論誠信〉[5]中亦強調：誠信建設靠教育，更靠法制。要加快制度建設，建立健全完善的信用制度體系，利益導向體系和監督管理體系，是當前中國解決誠信問題的治本之策。另一方面，提到要在誠信問題上，一手抓制度建設，一手抓教育引導，這是依法治國與以德治國相結合的具體體現時，強調在誠信教育倡導的「誰誠信誰光榮」的基礎上，制度建設的推進將為「誰誠信誰得利」提供保證。當中國在建設現代誠信時，其主要（甚至是惟一）的目的是為了要維持一個經濟持續穩定增長的社會。所以，當社會的誠信出現問題時，在經濟發展的過程中，以立法去建立信用制度是自然的。但這種以法律制度的建設成為主要的道德建設，其背後的觀念卻是基於兩點：（1）人是經濟的動物，企業和個人要誠信是因為誠信能帶來利益。故此，誘之以利，以制度保證「誰誠信誰得利」。（2）人性是惡的，人要懲罰才會守信用。故此，信用制度的建立，重點是建立一個失信懲罰的機制，以懲罰使到企業和個人會守信用。因此，政府在談一手抓機制建設，一手抓教育引導時，上述兩點就成為了制度建設的動力和教育引導的內容了。即是中國的誠信教育內容會是功利性的：人之要誠信是為得利、為怕懲罰。

三 基督信仰的理念

現代市場經濟活動建基於有形或無形的契約精神，稱為「信任」，[6]而聖經中的信任乃起源於上帝創造人後，祂給予人管理治理大地的責任和權柄，叫人與祂同工，這是上帝對人的信任。信任是雙方面的，故此，人作為被造之物，亦須信任造物主，信任祂的安排、保守和供應。人信任上帝，原因在於上帝是造物主，是供應者，但最重要還是因為上帝是信實的上帝。接著，人類的墮落是人違背了上帝對他們的信任；並且，罪入了世界後，人類的社會缺乏了互信，因為人變得愈來愈不可信。袁海柏更在以色列人的歷史中歸納了三類破壞人際互信的例子：（1）欺詐；（2）虛偽；（3）出賣或背叛。但上帝藉耶穌在十架上的救贖卻要將信任帶回給人，因為祂給人的救恩是透過信心成就，而這種信心包含著對上帝的信任。人在這人與上帝和好的關係上，人重新信任上帝，並以這新的信任為基礎，再次建立人與人之間的互信。

人與人之間的互信關係是建基於人與上帝之間的和好關係上，這個理解對基督徒而言，是很容易接受的。當讀舊約聖經的時候，舊約的人顯然認為耶和華是惟一值得信靠的對象。他們不倚靠任何自己所做的任何事，或別人做的事，或別的神衹做的事。他們單單信靠耶和華。去到新約，中心信息是強調信心（依靠）的重要性。信心就是完全放棄自己個人的資源。信心就是毫無保留的將自己委身於上帝，信賴祂的憐憫。信心是緊握上帝在基督裏的應許，純然倚靠基督為救恩所完成的工作；倚靠住在裏面的聖靈的能力，得著每天的力量。信心意味著對上帝完全倚賴和完全的順服。

四 出路

基督宗教的信仰中心是人要回復對上帝的依靠，其基礎是：上帝是人的創造主，且是信實可靠的。建基於此的基督宗教信仰羣體中，人與人之間的互信，並不是真的因為相信人在接受了基督宗教的信仰後變得可信，而是因為信徒將生命委身於上帝，相信上帝對他的保守；因而信任有同樣委身行動的信徒，相信他們也是可以信賴的。即是，此種信任是由一種價值觀所形成的：就是相信不肯定的世界，有永恆可信靠的上帝掌管。因此，在基督宗教信仰羣體中，人與人之間就算有欺詐、虛偽與背叛，上帝也會保守信靠祂的人不會受到傷害。基督宗教信仰羣體中所產生的信任，就是由此種價值觀所形成。因為互信是由雙方面的默契產生的，故此，這種人與人之間的信任並不適用於信仰羣體以外的人。

那麼，在無神論政府統治下的中國，在推動誠信道德和建設信用制度體系時，當然沒有可能將對上帝的信靠作為人與人之間的互信關係的基礎和價值。那麼，基督徒在處理誠信這個中國商業倫理課題時，該怎樣將基督宗教的價值放進去呢？席林（Otto Schilling）指出經濟倫理學知識和規範的直接泉源是自然律（Natural Law）。自然法是自然道德律的一部分，這個道德律本身就是對永恆法則、對理性和對理性安排的上帝意志的參與。這種參與，體現和表現在人類清楚的認識能力和自然的喜愛中。自然道德律是對人類的自身、與他人和與上帝的行為，根據最終的目的，進行理性的整理和調整。而自然法是直接來源於人類和事物的本質，也就是來源於上帝期望的存在，正如上帝創作它們那樣。[7] 這也是古教父奧古斯丁（Augustine）和阿奎那（Thomas Aquinas）建構他們當時社會的經濟倫理所用的進路。[8]

在上述的前提下，怎樣在誠信這個中國商業倫理問題上看到上帝的意志呢？首先就要問：上帝期望的誠信的本質是甚麼？再從誠信事物的本質中，推斷出其規範。而這規範必須包括上帝在誠信方面要求的義務，並且，使之對現今的和受歷史條件限制的商業倫理行為進行評價成為可能。在運用自然法時，基督徒可以避免將基督宗教的信條硬套在中國商業倫理的處境中，卻又可以將對上帝信仰的真諦包含在日常的誠信生活中去。

基於以上的進路，其中的一個方法是我們可以將建立誠信道德的動機不只限定於一種：因為對上帝的信靠；而將動機推展到包括：自利、利他（有自然感情推動的）、利他（無自然感情推動的）、無私的愛、道德責任就是為了道德責任……等。然後，我們可借鏡伯爾納鐸（Bernard of Clairvaux）的靈修傳統，將靈性發展分成幾個階段：（1）為自己而愛自己；（2）為自己而愛上帝；（3）為上帝本身而愛上帝；（4）為上帝而愛自己。[9]

我們把上述的靈性階段論應用到誠信道德的發展上，那麼，我們就不用排斥低層次的動機：因自利而不作不誠信的行為了。但達到了這個階段以後，我們必須提供資源，使人們認識到在基督宗教的世界觀內有很多的空間，學習對道德純一的獻身和對上帝、對人無私的愛，以提升其誠信道德的動機。這種階段論的好處是：有理想境界，又不會太理想化。沒有理想境界，誠信道德就不能反映對上帝信仰的真諦論；但太理想化，則是將基督宗教的信條硬套在中國商業倫理的處境中了。

註 釋：

1. 參考江麗、謝姝在二〇〇二年十一月二十八日載於《北京現代商報》的相關文章。

2. 王眾孚：〈營造公平競爭的市場環境〉（2004 年 6 月 6 日），參網址：http://big5.china.com.cn/market/jjfzxy/396648.htm。
3. 〈王茂林提出增強誠信四條建議〉（2004 年 6 月 6 日），參網址：http://big5.china.com.cn/market/jjfzxy/396652.htm。
4. 林毅夫：〈信用體系是市場經濟的基礎制度〉（2004 年 6 月 6 日），參網址：http://www.china315.com。
5. 任仲平：〈論誠信〉，刊於《人民日報》（2003 年 9 月 18 日）。
6. 袁海柏：〈信任——不可或缺及漸趨沒落的商業倫理〉，刊於《中國神學研究院期刊》，第 36 期（2004 年 1 月），頁 83～110。
7. 席林（Otto Schilling）著，顧仁明譯：《天主教經濟倫理學》（香港：漢語基督宗教文化研究所，1999），頁 24～25。
8. 席林：《天主教經濟倫理學》，頁 30～41。
9. 關啟文：《上帝、世俗社會與道德的基礎——當代宗教哲學的探索》，（香港：天道書樓，2006），頁 171～172。

9

投資有「駕」——金融海嘯下基督徒神學反思

李少秋

主啊，你是我們萬世不移的家。
遠在羣山誕生、大地寰宇
締造之前，你已是
從永遠到永恆的上帝。

芸芸世人終歸塵土，
因為你說：人子呀，你們回來！
啊，一千年於你不啻昨天
逝去，或一更夜黯。

睡夢中將他們攫去：
黎明，還彷彿新發的綠茵，
晨曦裏一片青翠欲滴——
黄昏，已枯葉凋零。

忽然間毀於你的怒氣，
因你的激憤我們驚惶；
你把我們的罪孽一一揭破，
隱惡暴露於你的聖容明光。

每一天都在你的聖怒下煎熬，
年歲不返如一聲歎息。
我們的壽數，說是七十，
身子骨硬一點可望八十，
可再硬，也無非是辛勞憂愁，
轉眼耗盡，我們飛走！

啊，誰能懂得你怒氣的威力？
你的聖怒，你可畏之極！

求你教我們數清自己的日子，
讓我們得一顆智慧的心。
回來呀，耶和華！還等何時？
求求你，憐憫你的僕人。

願你的慈愛一早就充盈我們，
讓我們日日盡情歡歌，
讓我們安享幸福，歲月悠長，
一如過去你苦我們，叫我們遭災罹禍。

願你，為僕人彰顯你的大功，

讓他們子孫領受你的尊榮。
願我主上帝的聖美眷顧，
成全我們雙手所做的一切——
一切作為皆由你成全。

（詩九十篇）[1]

一 金融投資·所為何事

信仰與人類的生活模式甚而是生存意義息息相關。

投入信仰與不投入信仰的生命有天壤之別，願意與不願意追隨耶穌基督的人被分別開來；因為意向不同、目標各異。在經濟掛帥資本為尚的香港社會，金融投資逐漸成為近十多年來香港市民生活甚而是生命的一部分；人心趨向莫不是投資、理財，雙目注視離不開回報、利潤，不論你是基督耶穌的跟隨者與否，在金融投資之目標方向似是殊途同歸。

在投資方面你可有甚麼理想？是要創造—— 創造更大的數字，不是要名字—— 萬、億、兆，那麼最簡易之法莫如在後面繼續添加「0」。「萬」是四個 0，「億」是八個 0，「兆」是十三個 0，你可以創造世界上獨一無二的數字，但可會創造世界上獨一無二的財富嗎？

對於不少人來說，「0」成了創造財富的「必需數字」；但你可會知曉「0」的意思嗎？「**看似有卻是沒有，看似沒有卻是有**」。若然仔細查考，不難發現「0」是空的意思：

0 + 0 = 0

0 + 1 = 1

$0 \times 0 = 0$

$0 \times 1 = 0$

「0」原來表示甚麼也沒有，多一個「0」與少一個「0」是沒有分別；財富的關鍵不在乎多少個「0」，而是「0」前面的數字：「1」。有「1」條生命便可以享受財富，沒有生命有多少個「0」只是徒感無奈；有生命不代表有財富，但沒有生命縱是更多的財富只感到空虛，也感到捕風。

更奇怪的是只有「1」條生命去享受財富遠遠不及有「2」條生命共同分享財富。奇妙的不在於財富，奇妙的在於生命，因為生命流露的豐富遠遠不是財富浮現的豐富可以媲美。毋怪乎天地的主宰耶穌基督教導猶太人：「人的生命不在乎家道豐富。」接著他說了一個比喻。

二 貲財投資·富有糊塗

聖經路加福音十二章 16 至 21 節記載了這個比喻。[2]

比喻一開始說：有一個財主，是整個比喻中惟一的人；除了財富外就只有這個男人。故事的結束有上帝的出現，對於財主來說，這是「難以置信」；對於讀者來說，這是喝采的「Hurray! Hurray!!」在耶穌所說的比喻中，這是惟一的一個有上帝出現，故此肯定是一個「特別」的比喻，是要喚醒人的知覺、吸引人的注意。

財主明顯是一位務農者，是古時普遍的職業；他不只是一位農夫，是擁有田地的主人。藉務農達富貴在古時並非易事，一是沒有殺滅害蟲的把握，二是沒有基因改造的應用，三是沒有掌控天時的力量。一場天災足以令全盤收成落空，雖然農夫未必定需聽天由命，但天利往往是達富之途。這裏的財主也不例外，他能夠成為財主，全因為「田地出產豐富」，田產能夠豐富有賴上天的眷顧。

財主心裏泛起一個問題：「那麼多的出產卻沒有那麼多地方儲藏？」即時又泛起一個答案：「要拆掉舊的倉庫，另蓋建更大的積存我的一切糧食和財物，那麼我整個人便可以多年享用，只管安安逸逸吃喝快樂。」

財主的說話是自語獨白，這並不表示他沒有朋友，沒有社會的人際網絡；但從他計劃的內容確顯明他以自己為中心，毫不理會身邊人的需要，更遑論看不見的上帝。對他來說：財富是個人的資源，為不可測的將來提供安舒的心懷、安逸的享用。沒傷害他人只圖取利益為退休之年享用，難道有甚麼不妥之處？這好像是社會上的財務規劃，為退休之年積谷備寒。

個人的獨白暫不為人知，卻招來上帝的判語：財主是無知的人，他是富有的糊塗人。錯不在腰纏萬貫，錯在對糊塗無知。上帝沒有明言審判結果，死亡不應視為富有的刑罰，卻是糊塗的審判。上帝指出人生命的不可測知下的脆弱，死亡的介入搗亂人生命大計，揭示人的無知糊塗；因為所擁有的一切物資並非生命基本及保障，財主所預備的卻不為己用，這不是對生命的無奈，是對生命的糊塗。上帝判語帶出那些倚靠財富的人不會有福。

最後一節（21 節）是比喻的闡明：將自己的生命聚焦於財富擁有會導致在上帝面前的貧乏。但如何能夠在上帝面前富足卻沒有進一步的闡明；這短少具警惕意味的比喻縱會可能引來人心不安，卻清楚點明生命的規劃不應以個人為核心，而財富的滿足只是浮雲炊煙。這正好引證比喻之前的一句話：「人的生命不在於家道豐富。」

三 社會投資 · 「施雙」授受

中國有不少順口溜，民間滿雅俗的真世情。

沒錢的時候，養豬，
有錢的時候，養狗。
沒錢的時候，想結婚，
有錢的時候，想離婚。
沒錢的時候，老婆兼祕書，
有錢的時候，祕書兼老婆。
小小摘錄卻是點滴到心頭。

在金融海嘯下最令筆者振奮的並非財經專家的論說、多國政府的救市方案，而是中國總理溫家寶在結束外訪俄羅斯前透過港澳記者向特區政府的「提醒」，「提醒」化為五招：[3]

1. 要求中央各金融部門，與香港金融當局共同制定應對風險預案，並促進相互溝通合作。
2. 保障供港食品供應和質量，保持物價平穩。
3. 加快基礎建設，特別是港珠澳大橋。
4. 扶持港商在內地投資的中小型企業。
5. 進一步擴大內地居民來港旅遊。

五招表面上是中央助港抗金融危機，實質是四招半助民生、愛港民，不難發現總理「提醒」政府多一點的實質關顧民生體恤民情。於是發展局局長於翌日在立法會提出興建港珠澳大橋的實質方案，特首更以迅雷不及掩耳之法勉強落實老人生果金增至一千元；特區政府頓時「汲取教訓」。

民生是政府投資的重要取向，國家的發展端賴民生的穩定，這是領導人所肯定，卻是特區政府所忽略；社會上的投資若造成更大的貧富懸殊，政府有責任調節修訂，防止人民的分化。

聯合國於二〇〇八年十月十六日發表一份重要報告，[4] 警告世人貧富懸殊的差距自從一九九〇年以還迅速擴大。雖然經濟增長帶來不少新工作，卻徹底地拉闊高收入與低收入的距離，而經濟危機帶來的傷害卻需由千萬未嘗過經濟增長成果的人所承擔。收入不平均的情況不斷惡化，例如：美國高級行政總裁（十五間最大公司）與普通僱員平均收入差距，從二〇〇三年的三百六十倍增至二〇〇七年的五百二十倍；類似的情況在澳洲、德國、香港、荷蘭及南非出現。過分的不平均收入會導致犯罪率上升、人壽命歲數下降、以及貧窮國家中營養不良的情況等等。事實上，美國大城市的貧富差距與非洲及拉丁美洲的相若；中國北京是世界貧富最平均的城市，中國香港是亞洲中貧富懸殊最大的地方。這更凸顯溫總理對特區政府的「提醒」是「合時」、「合宜」。

社會方面的投資要發揮積極建立的作用，政府理當學習駕馭金錢，不單令社會和諧成長，更令社會趨利避害；這亦是每個人都要學習的。人不單要懂得賺取利潤、投資致富，更要懂得認識金錢、運用財富。不為金錢棄掉親情，卻以財富鞏固情誼；不為金錢賣掉人格，卻以財富建立德行；不為金錢達到擁有，卻以財富施與賙濟。

昔日西方宣教士不單在香港建立教會，亦藉著教會建立社會——派米派奶粉（不含三聚氰胺）、辦學辦服務（不以收費為念）等。今日的教會不應以四堵牆為念，只看重聚會的人數、奉獻與儲備的數字，卻忘掉人的整全、身體與靈魂的需要；只記念教會是蒙福的羣體，卻忘掉教會是祝福的祭司。政府不是單為了內部的需要而存在，而是為人民而服務；教會不是單為了信徒而設立，而是為了在地上建立上帝的國度，使萬人蒙福。

四 生命投資‧貧富貴賤

耶穌的比喻道出人的無知糊塗，財主的「富」沒有為他帶來「貴」，卻顯出自己的「私」；自己生命的焦點原來是緊握財富拒絕運用，即是說：資源的運用被生命的焦點所驅使。這是生命投資第一點要留神的。

生命投資第一是**生命焦點**。「因為你的財寶在哪裏，你的心也在那裏。」（太六 21）

你相信人可以服事兩個主人嗎？既服事上帝也服事錢財（太六 24）可能是不少信徒之目標？可以嗎？財富不是人服事的對象，人貴為萬物之靈卻在財富之下是「畸怪」；人服事的對象只有一位，就是創造天地有情有義的上帝。你相信嗎？

生命的焦點在於上帝，服事的對象只有上帝。那麼財富的位置？財富是工具，是用以服事上帝，**運用財富服事上帝是生命投資的第一步**。

財主最大的弊病不在於富有，而在於生命核心沒有上帝，自己就是生命的主宰，任何人踏上這主宰地位都必會倒下來，浪花淘盡多少英雄是歷史的寫照。富有並非問題，問題是生命的焦點。

生命投資第二是**不要積累**。「不要為自己積攢財寶在地上；地上有蟲子咬……」（太六 19）

財富是工具，功能不在於累積；要發揮功能就要運用，這是「知易行難」的道理。在二〇〇八年九月以前擁有一百幾十萬，你會怎樣處理？要怎樣投資——成功賺取回報後再要投資；或許會成為千萬富翁。

在不少人心目中，運用財富就是要——投資；沒有太多人會教導你運用財富的其他途徑，只是要不停地去投資，說白一點是要不停地去「賺」，「累積」似乎是應付財富「最高明」的手法。說來奇怪，你有否見過有香港人不停地把錢儲入「八達通」，只是不停地儲入而不懂得去「使用」？

「人為財死，鳥為食亡。」生命焦點放在錯誤的地方會導致生命功能錯誤的發揮，人的生命不在乎不斷的賺取積累。成為財主並不是問題，來自仁義之富有並無不當，錢財的好處，你我皆曉。問題不在於富有，而在於糊塗。一個人的糊塗與富有拉不上關係，只是富有人較易聚焦於為自己積累資財，而渴望富有者卻為貪婪等欲念所驅使，忘記錢財也有其「負面作用」，踏上「見利忘義」危機之途。

生命投資第三是**生命脆弱**。「生命不勝於飲食嗎？身體不勝於衣裳嗎？……」（太六 25）

是甚麼時候人將生命的價值繫於財富的價值？縱然生命與財富有不少相同之處：

1. 是短暫，是會在地上消逝；

2. 是不確定，是無人可以準確預知未來的生命或財富的狀態；
3. 是脆弱，是人可以把守得住？

但生命與財富卻是極為差異。有生命的渴想得到財富，有財富的妄念買贖生命；難、不難？

貧非賤，富非貴；富貴、貧賤是錯誤之配對。[5] 貧富是指物質的豐厚與否，貴賤是指品格的高尚低劣，彼此互不相連。品格的「貴」「賤」與外在物質無關，包括財富、權位、名聲、學問、智慧等。故此，有人身無長物卻仍有「傲霜高貴」，有人家財萬貫倒是「忘義低賤」。

你我都知道生命是脆弱的，難道財主也不曉得？斷乎不是。人把生命焦點放在自己身上，眼中可有人嗎？更遑論有上帝？誰會覺得「**錢財是身『礙』物**」？香港人的生活告訴我們**「錢財不勝於身體嗎？財富不勝於生命嗎？」**

生命投資第四是**借來的生命**。「因為你是從土而出的。你本是塵土，仍要歸於塵土。」（創三 19）

財主的生命被收回：「今夜就要你的性命，你所預備的要歸誰呢？」看耶穌的比喻看到這裏，或許會高呼：「真好」、「哈利路亞讚美主」嗎？財主做了甚麼惡事、錯事？

1. 忘記上帝。
2. 積累財富。
3. 為自己不為別人。

尋找生命的保障化為尋找生活的財富是智慧嗎？人為自己

的未來積累經濟的資源便完成了生命的責任嗎？這是糊塗，這是在上帝面前的貧乏。

財富是人勞碌賺取積累，生命卻不是人能夠攫取買贖，生命是上帝豐厚的恩賜。**追本溯源的生命是從上而來，是從上帝借來的。凡是借來的都要歸還**，並不分富有抑或貧窮。

五 小結

「人活著，不是單靠食物」是耶穌給魔鬼試探的第一個回覆。[6] 你呢？

註釋：

1. 譯文來自馮象譯注：《智慧書》（香港：牛津大學出版社，2008），頁258～260。
2. 經文註譯主要參考以下資料：I. Howard Marshall, *Gospel of Luke: A Commentary on the Greek Text* (New International Greek Testament Commentary; Grand Rapids: Eerdmans, 1978)；Craig L. Blomberg, *Interpreting the Parables* (London: Inter-Varsity Press, 1990)；John Nolland, *Luke 9:21-18:34* (Word Biblical Commentary 35B; Dallas: Word, 1993)；Arland J. Hultgren, *The Parables of Jesus: A Commentary* (Grand Rapids: Eerdmans, 2002)；Klyne Snodgrass, *Stories with Intent: A Comprehensive Guide to the Parables of Jesus* (Grand Rapids: Eerdmans, 2008)。
3. 〈溫總訓令特區吸取教訓〉，刊於《am730》（2008 年 10 月 30 日）。
4. *World of Work Report 2008: Income Inequalities in the Age of Financial Globalization* (Geneva: International Labour Office, 2008). 參網址：http://www.un.org。
5. 「貧富貴賤」的思想源自張立「商心國是」專欄。
6. 耶穌受試探的事迹記載於馬太福音四章及路加福音四章。

10 淺談基督徒及教會理財

張天和

一 引言

「理財」是一個「管理」的觀念。「管理」是「人類社會的一項特殊活動，其目的在羣策羣力，以竟事功」，[1] 其中包括方法與目的。

其實，「管理」在基督徒生活中是一個重要的課題，甚至可以説是一項神聖的使命。我們留意到上帝在創造時向人類所交付的使命，那就是「管理」這個世界（參創一 28）。這也充分地説明了「基督徒的管理學」精神，就是要好好運用上帝給我們的資源，讓世界變得更「好」！這是上帝的心意。

談到管理，我們最簡單、直接的可以從金錢、時間的管理來説，因為聖經也這樣説：你的財寶在哪裏，你的心就在那裏。所以，一個人怎樣管理自己的財物，就知道這個人的人生態度是如何。管理財物，簡單的説就是收入與支出，這是最簡單的原則，但是其中包含「積聚」、「分配」、「花費」等部分。

基督徒身處香港——國際金融中心，[2] 這個物質豐富、財經資訊充足的都市，應如何理財，好好管理金錢，善用上帝賜予的財富，是一個重要的課題，值得信徒、領袖、牧者、整體教會不斷思考和探討。

要探討這課題，就先從基督徒如何看金錢財富作開始，這涉及來自聖經的重要基礎；有了聖經基礎，就了解一些有關理財的觀念；最後，是基督徒個人理財及教會理財的討論。

二 基督徒對財富的基本觀念

1. 基督徒的財富觀

怎樣才是合上帝心意的理財之道呢？依循聖經的教導當然是至上而不可或缺的準則。整本聖經多處經文涉及有關金錢或財富的教導，耶穌的比喻也以此為重要話題。正確的理財之道務必建立在合乎聖經教導的財富觀之上。

A. 財富的來源

我們終日勞碌，辛勞工作，是為了謀生餬口、養育子女，也會積存財物，以備晚年之用。世人如此，基督徒也是一樣。但是財富從何而來？有人說是勞力換來的。不錯，這是千真萬確的事實，是我們努力奮鬥的成果。聖經這樣說：「……手勤的，卻要富足。」（箴十 4）但我們不可忘記及否認，我們的勞力也是從上帝而來，聖經也說：「……得貨財的力量是祂給你的……」（申八 18）。因此歸根究底所有財富仍是由上帝而來。我們的上帝不僅是創造宇宙萬物的主宰，並且是將萬物交給我們「管理」（參創一 26～28）以及將「百物厚賜給我們享受」（提前六 17）的上帝。

B. 財富的使用權

財富不僅是由上帝而來，財富運用的主權以及最終的所有權也是屬祂的。我們僅是暫時受託「治理」全地及「管理」萬物，只有暫時的經營使用權。受託者的地位是被動的，受支配的，服從命令及受指揮的。因此，嚴格地來說，受託者無完全的自主權，不可隨己意行事，最後要向委託者交賬。

C. 不可貪愛財富

財富既然是屬主的，我們僅是受上帝所託的管理者，就不應該有貪戀屬世財物的念頭。聖經說：「貪財是萬惡之根」；問題顯然不在「財」的本身，而是在「貪」。因為「貪戀錢財，就被引誘離了真道，用許多愁苦把自己刺透了」（參提前六 10）；「貪戀財利的，擾害己家」（箴十五 27）。

D. 不可倚靠財富

世上的財富不可靠，貪財的結局是滅亡。世上財富種類甚多，股票、黃金，比比皆是；但是沒有一種完全可靠。「富足人的財物是他的堅城，在他心想，猶如高牆。」（箴十八 11）富人將財富當作他們的「堅城」、「高牆」，以為可得保障，但世上哪有攻不破的城，也無不倒塌的牆。

2. 基督徒的管家觀

上文提及我們只是「管家」，[3] 受託管理萬物，包括錢財。

我們留意到主耶穌以至整本新約聖經都慣用「管家」的概念來處理財富的題目。雖然這個管家觀念不單單規範於金錢管理，然而新約聖經中「管家」的觀念是最適合處理這課題的，所以我們要較詳細地了解管家的觀念。主耶穌在一段主要教導管家的經文中指出，他認為管理資財的管家需要有兩樣資格：忠心（faithful）和精明（prudent）（參路十二 42～44）。

A. 忠心[4]

主耶穌強調忠心可靠的資格。這是因為管家必須要了解清楚他手上的資財絕對不是自己擁有的，乃是他的主人委派給他，以致管家可以將財富分配給有需要的人——「主說：『誰是那忠心有見識的管家，主人派他管理家裏的人，按時分糧給他們呢？』」（路十二 42）明顯地，忠心的具體表現就是要按時分糧。若管家按照主人的旨意將糧餉分配給其他僕人，當主人回來時就要大大賜福和賞賜更大、更多、更重要的資財給他管理（參路十二 43～44）。相反地，僕人若將資財據為己有，中飽私囊，沒有順著主人的意思做，連累靠他供應的人，主人必責打這不忠心的管家（參路十二 45～47）。因此，有了上帝所託管給我們的資財，我們就當好好分配給有需要的人。

B. 精明[5]

主耶穌強調精明細心的資格。在這段經文中，精明包含兩方面的意義：（1）管家要精明地留意供應的對象，要知道「他們」是誰；（2）管家要精明地作出分配，要知道怎樣「按時」。這樣，才免於隨便分配以致浪費資源。

三 幾個有關理財的重要觀念

1. 理財的目的

上文提及，管理是要有目的。對於基督徒而言，理財技巧知識還比較容易獲得，因坊間有很多可作參考的資料，但理財的目的則多有困惑。難道基督徒的理財目的等同於世俗資本主義觀念，只為要獲得更多的財富？除了增加財富，當然還可以提高現時生活水準，獲得將來生活的保障，強化增值及保值，更可以維持信仰的品質。[6]

筆者從箴言得到一些啟迪。世間最有智慧、又極其富裕的所羅門王，晚年回首一生所得的結論，或許是基督徒的理財目的：「我求你兩件事，在我未死之先，不要不賜給我；求你使虛假和謊言遠離我；使我也不貧窮也不富足；賜給我需用的飲食，恐怕我飽足不認你，說：耶和華是誰呢？又恐怕我貧窮就偷竊，以致褻瀆我上帝的名。」（箴三十 7～9）

「不貧窮也不富足」，理財原是為了獲得某種「自由」。過於貧窮時，人們容易把財富當成另個上帝來倚靠。就像常聽聞一些教會讓不道德的信徒當長執，背後原因是因為這信徒有錢，教會設備需要更新，得憑藉他的奉獻，得央求他的賙濟。即使這信徒生命有很多問題，眾人也照樣爭相巴結遴選其為長執，結果教會的方向，不是全憑耶穌，卻是聽任此人擺佈。貧窮會容易讓教會、讓人被財富轄制，失去自由。

過於富裕時，人們則容易把自己當成上帝。就像不少全球富豪般，以為自己可以呼風喚雨。在他們的價值觀中，錢可以買到世間一切。當自己就是上帝，哪裏會敬拜真正的上帝？富裕會容易讓教會、讓人被錢財轄制，失去自由。

因此，讓自己的經濟處於「不貧窮也不富足」的情況，箴言認為這是一種上帝所賜的莫大祝福與恩典。當然，「不貧窮也不富足」並不是指著數字上多少而言，而應該是一種「只會單單以上帝為上帝，不會想要對任何人卑躬屈膝，以自己的資本，就能滿足自我需求」的情況。

2. 理財的重要性

筆者曾聽過有屬靈長者說：「基督徒不用談理財，談理財就即是貪財，『因為你的財富在哪裏，你的心也在那裏』。」有這樣的觀點，可能是受到世俗資本主義的理財觀念所影響，認為理財就是要獲得更多的財富，而心也就在財富那裏了。因此，帶出一個問題：「理財是否必要呢？有何意義？」

基督徒該不該談理財，筆者認為基督徒不但要談，而且要談的認真。「認真」是因為我們在看待上帝所託付的資源，同時這也是上帝所看重的。

首先，我們肯定「錢財」是聖經中一個重要課題，其中有超過二千三百節經文與金錢財富有關。可見錢財與上帝子民的信仰、生活有著重要的關係。另外，在登山寶訓中，耶穌曾告誡我們不要積聚財寶在地上，反之，要積聚財寶在天上。祂指出：「因為你的財寶在哪裏，你的心也在那裏。」（參太六19～21）筆者接受麥福士（Aubrey Malphurs）及司楚波（Steve Stroope）兩位資深牧者的觀點，他們認為若要知道自己的心在哪裏呢？就要看我們的財寶在哪裏。[7] 要知道我們的財寶在哪裏，一個主要的線索就是看我們怎樣處理錢財。事實上，筆者有時聽到一些人講話、做事，的確顯示出他們具備了「屬靈人」的質素，但從他們如何處理錢財、運用金錢，就對他們的屬靈實況略知一二。

宗教改革家馬丁·路德（Martin Luther）曾說：「人可以擁有錢財，但必須善於管理，作錢財的主人。」[8]

3. 理財的範疇

談理財並不容易，因為它涵蓋的範疇很廣，最少也包括以下各方面：

1. 理念篇：有關對金錢的效用與金錢應有觀念的認識。
2. 概念篇：有關對財經金融方面之知識，如利率、經濟增長率、通貨膨脹率、失業率、資產比例等。
3. 節流篇：有關對預算規劃、儲蓄、消費策略之處理。
4. 開源篇：有關各種增加資財工具之了解，如股票、債券、基金、期貨、房地產、海外投資等。
5. 奉獻篇：探討有關金錢奉獻、實物奉獻、時間奉獻、才能奉獻等主題。
6. 保險篇：探討人身保險、人壽保險、健康保險、車險、火險等。
7. 親子篇：探討當代青少年的賺錢觀念，親子理財常見的爭執問題，父母對子女理財方面的教育等。

由於有關理財之範疇廣闊，本文篇幅有限，加上筆者又非財經方面專才，故只能就相關課題作出介紹。

4. 理財的原則

有正確的財富觀加上作管家之職責，可清楚地樹立基督徒

理財的原則。筆者經參考不同學者專家資料，發現大同小異，故整合成以下四個「要」及三個「不」：[9]

A. 要積穀防飢

人常有的一個通病，就是有錢時隨意亂花，不懂得儲蓄，到了急用時才發現錢到用時方恨少。積穀防飢，意思是學習如何規劃自己所賺來的錢；該用的就用，不該用的就儲蓄起來，以防將來不時之需。

聖經告誡我們說：「懶惰人哪，你去察看螞蟻的動作就可得智慧。螞蟻沒有元帥，沒有官長，沒有君王，尚且在夏天預備食物，在收割時聚斂糧食。」（箴六 6～8）

B. 要樂意奉獻

很多人都會同意積穀防飢，因為那是關係到自己的好處。理財尚有一個很重要的原則，那就是物的償還。聖經說：「要將當納的十分之一全然送入倉庫，使我家有糧……」（瑪三 10），我們是上帝的管家，就不應奪取給上帝的供物，把自己的收入全部佔為己有。當納的就納，不可以有折扣，這是我們當盡的本分，更是我們蒙福的途徑。

聖經提醒我們說：「你要以財物，和一切初熟的土產尊榮耶和華。這樣，你的倉房必充滿有餘；你的酒醡有新酒盈溢。」（箴三 9～10）

C. 要誠實營生

聖經多次提到對「真誠」的要求（參太五 37；約八 44；約壹二 21；弗四 25；西三 9），因這是上帝的本性，而虛假是與真理相反，與上帝為敵。基本上兩者是相對的陣營。而不誠實的結果會引致互相信任的羣體帶來傷害、帶給對方錯誤的資料，同時也會產生其他罪惡。

理財方面要誠實有信用之聖經教導有：「用詭詐之舌求財的，就是自己取死；所得之財乃是吹來吹去的浮雲。」（箴二十一 6）「美名勝過大財；恩寵強如金銀。」（箴二十二 1）「行為純正的窮乏人勝過行事乖僻的富足人。」（箴二十八 6）

D. 要與人分享

理財課題不只談如何賺錢，更包含如何用錢。主耶穌教導我們要將地上的財富給予上帝國和有需要的人使用，就能賺取天上的財寶，明顯主耶穌不是要我們著眼於今生的資財，祂要我們渴望天上的賞賜，就在今天甘心地給予他人（參路十二 33）。這是簡單易明的真理，卻是最難學的屬靈功課之一。

賙濟貧窮，也是上帝所喜悅並賜下應許的：「憐憫貧窮的，就是借給耶和華；他的善行，耶和華必償還。」（箴十九 17）

E. 不心存僥倖

在財經世界裏，時要面對市場波動的風險，不能心存僥倖博一博，乃要有周全規劃。如果沒有規劃，人就會憑感覺行事，容易失之於衝動的購買，又或者在壓力之下立即作出反應，不作計劃，便容易造成濫用。所以，理財規劃能使我們不濫用上帝所賜的財物。理財規劃是種保護的工具。

聖經說：「殷勤籌劃的，足致豐裕；行事急躁的，都必缺乏。」（箴二十一 5）「不勞而得之財必然消耗；勤勞積蓄的，必見加增。」（箴十三 11）

F. 不取不義財

在急功近利的財經世界裏，人容易著眼於短期利益，少不免會涉及賺取不義之財。舊約裏，上帝經常藉先知對不義不法作出指責及控訴，當中包括作假誓、奪取他人之物、欺詐等，顯示上帝對這些行為的憎惡（參箴十一 1，二十 10）。

聖經清楚説明：「不義之財毫無益處；惟有公義能救人脱離死亡。」（箴十 2）「多有財利，行事不義，不如少有財利，行事公義。」（箴十六 8）

G. 不因財富煩

有人以為貧窮才會使人煩惱，為餬口而憂心；但財富充裕，生活飽足，同樣會煩惱，要為著如何處理這麼多錢財而煩惱。就如無知的財主最後對自己的靈魂説，只管安安逸逸的吃喝快樂（參路十二 13～19）。那正是以物質、以金錢掛帥的社會的寫照。他們忘記人的生命不在乎家道豐富，而應看重在上帝面前的富足。其實聖經要我們控制錢財，將它放在適當的位置中，不要被金錢控制，因為錢財的價值很有限，它不能換取生命、健康、愛情、幸福和人際和諧。

聖經説：「倚仗自己財物的，必跌倒……」（箴十一 28 上）；「不要勞碌求富，休仗自己的聰明。你豈要定睛在虛無的錢財上嗎？因錢財必長翅膀，如鷹向天飛去。」（箴二十三 4～5）

四 基督徒個人理財之道

綜合以上討論，若要將財富積存於天上，我們首先要弄清一個觀點：萬物的擁有權在於上帝，財富都屬於主；另外，我們只是作管家，作受託者，我們要在理財的事情上顯出忠心及精明。

當我們有了這種觀點與認知後，賺錢、投資、開銷和儲蓄各方面的決定，都是一些屬靈的決定，都是一些為參與建立上帝國度的決定。所以為上帝賜予的金錢進行正確的財富管理，再用來奉獻及行善，使世界更好，其實亦是基督徒的使命。

1. 理財建議

經參考多方面資料，所提建議有很多共通之處，筆者採用張佩儀所提出的八個「小貼士」，作出以下有關基督徒理財之建議：[10]

A. 立刻行動

愈早開始投資，回報會愈大，相對投資成本亦會愈少。

B. 制訂清晰目標

開始投資前應該先制訂簡單目標，包括計劃投資年期、投資工具、投入資金、預計總回報及每年回報等。[11]

C. 分散風險

多元化的投資組合可以減少風險，也可以分散投資於不同地區、行業、貨幣以賺取穩定回報。同時，也要計算自己承受風險之能力。

D. 力求穩定

投資無可避免涉及風險，但只要避免投機，持之以恆，不要三心兩意，力求穩定，必能致富。

E. 定期投資

每月儲蓄計劃的「複息效應」威力驚人，[12] 若能夠把每月投資養成習慣，利用平均成本法可以減低市場波動的風險，不論投資額多少，只要每月定期撥出一部分作投資，持之以恆，就不難有穩定的回報。

F. 定期調整投資組合

因金融市場變化萬千，根據長線投資的策略，要定期因應市場情況作出檢討，調較投資策略。

G. 長期持有

調查顯示，大部分「百萬富翁」都持有股票五年或以上，只有長期持有股票，才能賺取當中的最高平均回報。買賣太多，反而會令股票經紀愈來愈有錢。[13]

H. 回顧投資表現及目標

應隨著經濟週期及組合表現的轉換，多作回顧及調整投資目標。此外，亦可留意投資組合的報告，評估投資表現，不時檢討目標是否踏實可行。

2. 談談儲蓄

除了對各項基本理財知識的認識，「儲蓄」才是理財最重要的開始。最有智慧的所羅門王也勉勵我們要適當儲蓄，以備急需（箴十三 11，二十一 20）。約瑟積蓄五穀度荒年（創四十一），更為我們留下最好的典範。香港理工大學會計及金融學院副教授林本利在分享他的理財經驗時，也特別指出這一點。[14] 那麼儲蓄又有甚麼要注意之處？以下是兩個有關儲蓄的重點：

A. 預算規劃

要做好儲蓄，這是不可少的先期作業，有了這樣的事前評估，才能知道所奉行的儲蓄是否適當，所謂「量入為出」，就是「『收入』-『支出』=『儲蓄』」。平時對於較大金額的收支應該適當加以記錄分析，如此才能制訂最適合自己的儲蓄計劃。

B. 消費策略

克制消費慾望，是儲蓄的最根本守則，也是做好儲蓄的最重要考驗，我們要建立「保本就是賺錢」的觀念，儲蓄就是保本的最重要方式之一。

五 教會理財之道

1. 三大要素

要有效地作出教會理財，就要先認識教會理財三大要素，這些要素缺一不可，要同時在教會存在。它們是：

A. 專門及忠心的理財人才

教會的理財策略和原則有其專門性技術要求的一面，非一般牧者和信徒可以應付。雖不致於像商業機構般複雜，但仍需要有一些擁有財經和會計知識及經驗之專門人才來處理多方面事務。專門人才在教會理財中固然非常重要，但同樣重要的是他們的事奉心志。很多時，可能因著他們公事繁忙，無暇做好教會理財，以致結果差強人意。所以，要緊的不單是專門人才，還要是忠心事奉的人。

B. 合宜的理財觀念及態度

理財專門人才很懂得怎樣去理財，甚至硬將商業機構的原則和策略應用在教會中，忽略了兩者在基本觀念和處事態度上有很大區別。往往商業機構是用「擁有者」的觀念，並以謀取利潤為本；而教會是用「受託管家」的觀念，故以人和使命為本。換言之，教會乃要善用資源，去完成使命和異象。要持守這種態度，對教會理財才有真正的裨益。

C. 健全的會計及監察制度

要有健康的教會理財，就要有良好會計制度和問責機制，否則容易出現人為的錯誤或舞弊。筆者父親多年來不願返教會，原因是在年少時經歷過教會領袖挪吞公款，導致他對領袖，甚至教會的信任崩潰。類似事件，我們時有聽聞，原因大都是沒有健全的制度所致。另外，有效的監察系統也不能缺少。信徒多留意教會定期公布的財政報告，以了解教會之財務狀況，有著監察作用。

2. 四種模式

一般而言，教會擁有上述所提要素就應足以有效地管理教會財務，但為何有時仍出現各種問題呢？原來當專門人才運用理財原則時，要顧及不同的會計系統，及不同的財務管理模式，從而作出調校。據筆者的觀察及學者們的分析，至少有四

種財務管理的模式：[15]

A. 穩陣型

她們主要是小型教會，並多由不同家族組合而成。信徒會不知不覺中將教會當成家族「生意」來管理，故很在意及清楚各項進支；也由於人數有限，奉獻數額不多，節儉與量入為出就成為她們的理財原則。

B. 進取型

她們主要是因異象而新開拓的教會，基本上沒有外來的經濟支援，可以說是「白手興家」。她們的口號就是要發展、擴大，而冒險精神就是她們的特色。這與教會領袖所領受的異象有關，甚至將信心與冒險扯上關係。由於要有效地完成特定的異象，所以對她們來說，效率比節儉更為重要。

C. 保守型

她們主要是中型的中產教會，已有一套固定的行事章則，講求「按本子辦事」。那些忠於職守、思維縝密的信徒們，會不厭其煩地質詢、追問各議事的處理過程及原則，若發現有違反一貫原則，就可能要推倒重來。因為她們很堅守「管家」的責任，故有義務避免失敗。所以，在她們看來，程序與結果同樣重要。

D. 專業型

她們主要是有規模的大型教會，她擁有很多財經專才，各人對理財都有其見解，有人強調開源，有人強調節流，有時難以作出協調及平衡。因此，最理想就是成立專業的財務小組。在財務的問題上，他們務必仔細審查；經討論後，他們說了就算，基本上就成為最後的決定。

3. 五項建議

討論過教會理財的要素，又分析過教會的不同理財模式，筆者嘗試綜合不同資料，對教會作出以下建議：

A. 要有懂得理財的教牧同工

有人認為教牧同工不應涉足於教會的理財事宜，要「專心以祈禱傳道為事」，但筆者卻認為教牧應該干預教會理財，並扮演積極的角色，原因如下：（1）教牧也是教會的一分子，當會友要知道或參與一些教會財務事宜時，教牧也不例外；（2）教牧能看得更全面，因上帝安排教牧在教會中擔任牧養羣羊；（3）教牧是教會領袖，他不能對金錢表現得漫不經心，因金錢與教會事工有不可分的關係。[16]

教牧在處理財務事宜時，其身分有非常特殊之處。一方面他是教會聘任的同工，另方面他亦為教會領袖，帶領會友跟隨上帝的引導，滿足上帝的心意。因此，牧者需要清楚了解自己的身分，到底只是一位雇工，還是一位屬靈領導者。自己需要有勝過金錢誘惑的能力，並對之有正確的價值觀。

B. 培育忠心的捐獻者

由於教會的主要收入來自信徒奉獻，為使到教會收入穩定並有所增長，就需要透過培育忠心的捐獻者而達致。因此，教牧要好好運用講壇作出教導，讓信徒對作管家職事有清晰的概念，又經常在不同場合中分享教會的異象；當然，定期向信徒發放財務訊息是重要的，讓他們知道教會之財務狀況。最後，避免時常提及奉獻，應看準適當的時機作出提點。[17]

C. 制訂教會策略預算

教會每年都會制訂收支預算，卻不一定制訂策略預算。教會策略預算除包括一般收支預算外，還有其功用，就是「引導教會在分配及運用金錢時採取與教會核心價值一致的原則，達成具體而合乎聖經的使命」。[18] 既然涉及教會的核心價值，在制訂策略預算時，就不得不重視上帝帶領的方向，檢視教會的使命、異象（往那裏去）及策略（用何方法）；其次是按照今年之收入情況，加上對明天經濟增長之預測，訂定教會明年收入預算；最後要按教會之發展，將資金分配予以下五個功能：佈道、教導、相交、敬拜、服事的事工，並讓信徒知道資金如何分配。教會除正常收支外，也要積穀防飢以作更長遠的發展之用，因此也要設立儲備金。[19]

D. 確保財務上的廉潔

白查理（Richard Bergstrom）說：「許多牧師和教會的致命錯誤，是以為他們和周圍的人都能超越財務的試探。」[20] 讀者們還記得筆者提及父親對牧師和教會的不信任嗎？因此，教會在財務上的廉潔必須受到正視。首先，領袖個人財務上之穩定有助於養廉，聖經有許多教導，以確保領袖們的財務廉潔，例如「不貪愛金錢」、「有好名聲」等；有時要知道領袖個人之財務狀況並不容易，但良好的政策和嚴密的程序能保護教會，也能透過約束保護人，不但避開試探，也可以免受指控。而定期的查核，也可以將教會的財務狀況盡快呈現出來。

E. 成立資產管理委員會

教會在管理金錢上困難重重，但困難的存在並不能攔阻我們面對這個問題。在管理堂會的錢財上，要尋找合適的弟兄姊妹，組成一個資產管理委員會，制定堂會的財務、投資策略和資產管理法則。這個委員會的主要目標，就是要把堂會中管理、運用和投資金錢的種種大小事項，納入正確的道路中。這個資產管理委員會的責任十分沉重，當中每個委員都需要在上帝面前謙卑下來，也要盡上本分，學習投資和管理錢財之道。教會投資不宜冒高風險，因此選擇一些低風險、有穩定回報的投資項目便最為適宜。

教會理財就是要作好管家的職分，善用信徒的奉獻，上帝所賜予的資源。教會除了要在金錢的保本和投資上學習之外，也應該學習如何運用金錢，支持福音工作，一起拓展上帝的國度，長成基督的身量。

這實在並不是一件容易的任務，一方面教會領袖需要有寬大的心胸，支持其他基督教機構；另一方面基督教機構之多，實在使人驚訝，並不容易作出取捨。相信牧者每次收到各機構要求捐獻以彌補赤字的信件時，必定十分懊惱。牧者需要求上帝給予智慧，不但能正確地管理金錢，也要能正確地分配金錢。因為金錢要運用才有價值。

六 結語

我們在上文談及理財的問題，不外乎如何增加、如何使用，筆者相信若能按照聖經原則去做，就能蒙上帝的喜悅。但是，若因著理財，而太花費我們的人生，我們便要小心地處理。偶爾讀到一則故事：「三個笑容」，[21] 帶來很多反省。

有一個家財萬貫的富翁快死了，死神來接他走，他問死神：「我死後會到天堂還是地獄？」

死神跟他說：「地獄。」

富翁很不服氣，他說：「怎麼會是地獄呢？我捐錢蓋了好幾座教堂，還捐很多錢給教會，怎麼會是下地獄，我不服氣！」

「你不服氣嗎？那好，我給你一星期的時間，如果你可以收集到三個真心笑容，我就讓你上天堂。」

富翁很得意，他心想，要三個真心笑容不是簡單嗎？

死神走後，富翁想了一下，要得到真心笑容，就從自己結髮四十年的老婆開始，會比較容易一點。

於是富翁就花了很多錢買了一條鑽石項鍊，這是他老婆以前就很想要的，然後送給他老婆。

老婆見到鑽石項鍊很驚喜，也笑的很開心，但是死神卻告訴富翁，這根本就不是真心笑容！富翁於是加把勁，所有女人想要的東西他都買了，奇怪的是，老婆雖然高興，卻都不符合真心笑容的條件。

就這樣過了三天，富翁愈來愈慌張，因為時間只有七天，他卻連一個老婆真心笑容都得不到，直到第四天早上，富翁很早起牀，他想到自己快要死了，也沒甚麼東西給老婆，煩惱中他不自覺的走到廚房，拿起平底鍋，打了兩個蛋，烤了「多士」，開始煮早餐。

他老婆起牀，看到富翁在煮早餐，大吃一驚，因為他們明明有很多傭人，富翁根本不用自己煮早餐啊。

富翁把早餐端上桌，老婆吃了一口，突然眼眶泛紅，然後笑了起來，「親愛的，你還記得我們剛開始創業的時候，沒有錢，你都會煮早餐，我們就是吃這樣的簡單早餐喔。」

這時候，富翁突然發現，老婆的笑容好美，一早起來的她雖然沒有化妝，笑容卻美得讓人心動，富翁突然明白，這幾年來他從來沒有好好陪過他的妻子，都忘記她真正開心的模樣了。

於是，富翁得到了第一個真心笑容。

接著富翁回到公司，他決定要把第二個真心笑容，交付給跟他一個非常信任的部屬，於是富翁把部屬叫了過來，對他說：「我決定要升你的職，讓你當副總裁，然後給你股票和獎金！」

部屬非常驚喜，對富翁連連感謝，可是，富翁卻發現那部屬的笑容還不是真心的笑容。

富翁後來又開了很多優厚的條件，給了更多的獎金和股票，可是部屬雖然高興，富翁還是沒看到他的真心笑容。

時間又過了三天，直到第七天的早上，富翁把部屬叫了過來，遞給部屬一張放假單還有五張機票。

「你為我賣命這麼久，我才發現沒有讓你好好的放假陪家人，我給你一個月的長假，這是五張到夏威夷機票，帶你的老婆和孩子一起去玩吧！」

部屬先是吃驚，然後臉上嚴肅的表情慢慢變了，變得柔和而溫暖，一個笑容在他的臉上綻放開，那是很輕鬆很輕鬆的笑，淺淺的微笑，但是讓人一看就覺得很舒服。

「是啊，我真的好久好久沒有跟孩子去玩了，他們都快認不得這個老爸了！」

富翁鬆了一口氣，原來這才是部屬真心想要的，這是第二個真心笑容。

可是好不容易得到第二個真心笑容，時間卻已經剩下不到一天了。富翁想了想，覺得時間已經來不及了，無論是老婆或是部屬，都花去他太多時間了，看樣子，他註定要下地獄了。

想到要下地獄，富翁有點難過，他決定脫下西裝到外頭走走，對日理萬機的富翁來說，這樣一個人四處閒晃的經驗，幾乎是不可能的！平常他出門一定是坐高級房車，身邊一班保鑣，手邊總是有著處理不完的公文，真的沒甚麼機會一個人在街頭慢慢走。

富翁想說，反正再過幾個小時，他就要被死神抓去地獄了，所以他也不想掙扎了，只是在路上悠閒的走著。

走著走著，富翁突然看到了一個小女孩蹲在路邊哭，而周圍的路人卻沒有人願意伸出援手幫助她，富翁心想：「反正我也沒多少時間活了，就幫幫小女孩好了。」

於是，富翁把小女孩帶去警局，做了記錄，等小女孩的父母親來接她，在等待的這段時間，富翁一直看著時間，他心裏是有點焦急的，因為離死神來接他的時間愈來愈近了，而他卻只能呆坐在警局中。

後來富翁就一直陪著小女孩，直到小女孩的父母終於趕來，三個人哭了起來，抱成一團，富翁看著這一幕，突然感到一陣打從心裏升起的溫暖：「啊！原來單純的幫助別人，是這麼美好的一件事啊！」

然後，他看到了死神出現在警察局。富翁歎了一口氣，知道自己要被抓去地獄了。他伸出雙手，準備讓死神銬上手銬。

可是，死神卻意外的搖了搖頭：「你不是要跟我去地獄，你可以上天堂了。」富翁睜大眼睛，他不懂。

「第三個真心笑容。」死神拿出了一面鏡子，放在富翁的面前：「其實老早就出現了。」

富翁看著鏡子中的自己，原本嚴肅繃緊的表情，竟然整個鬆開了，一雙殘酷的眼睛變得像小孩般清澈，最重要的是，他的嘴角竟然不知不覺微微上揚著，彷彿不是一個掌握大權的總裁，而是一個親切慈祥的老人。

「原來，第三個真心笑容是我自己……」說著說著，富翁露出了笑容，這次，是一個真心的笑容。

這個故事提醒我們：不要忘記理財的初衷，要時時檢討自己正在做的事是否符合原本的期待。因為在用心管理錢財的過程中，卻常常喧賓奪主，到後來卻忘了其實不過就是為了讓自己和家人幸福，「不貧也不富」，讓世界變得更「好」！

註釋：

1. 參網址：http://ethan0620.blogspot.com/2008/08/mary-follet.html；瀏覽於

2008 年 10 月 15。

2. 香港特別行政區首長曾蔭權先生，及財經部門各級官員都經常在不同場合中對香港作出「國際金融中心」的稱號。
3. 「管家」希臘文是 *oikonomos*，是指負責照料一個家庭所有事務的人。有關「管家」在新舊約聖經之觀念，詳見麥福士（Aubrey Malphurs）、司楚波（Steve Stro）著，林守欽譯：《為教會理財——做個好管家》（香港：海天書樓，2008），頁 18～23。
4. 有其他中文譯本將「忠心」譯作「可靠」，包括《呂振中譯本》、《現代中文譯本》；而除了《基本英語版》（Bible in Basic English）譯作 "responsible" 外，其他主要英文譯本都譯作 "faithful"。
5. 《呂振中譯本》、《聖經新譯本》將《和合本》的「有見識」譯作「精明」，而《現代中文譯本》則譯作「機智」，《當代聖經》譯作「能幹」；而除了《達祕譯本》（The Darby Bible）、《新修訂標準譯本》及《楊氏直譯本》（Young's Literal Translation）譯作 "prudent" 外，其他主要英文譯本都譯作 "wise"。
6. 參張廷成：〈基督徒的理財觀〉，參網址：http://bibletimes.netfirms.com/jesus/read.php?tid=2722；瀏覽於 2008 年 10 月 12 日。
7. 麥福士、司楚波：《為教會理財——做個好管家》，頁 10。
8. 引自江林月嬌：〈財務管理 101〉，參網址：http://www.seewant.org/?START=TOP&TOP=article&DO=read&gsno=&sno=6618；瀏覽於 2008 年 10 月 10 日。
9. 有關詳細資料可參林本利：《理財有道》（香港：天道書樓，2008），頁 39～53；鄭盛光：〈從聖經看錢財的管理〉，刊於《金燈臺》，第 133 期（2008 年1 月），頁 1～2；江林月嬌：〈財務管理 101〉；余仕揚：〈基督徒對財富的管理〉，參網址：http://www.hkpec.org/article/index.php?agroup=%B0%F2%B7%FE%AE{%A5%CD%AC%A1&ayear=2002&amonth=6&apass；瀏覽於 2008 年 10 月 10 日；張廷成：〈基督的理財觀〉；章長基：〈合神心意的理財之道〉，參網址：http://www.cccowe.org/content.php?id=4899&sub_function_change=cbox；瀏覽於 2008 年 10 月 22 日。
10. 張佩儀：〈妥善理財，樂於奉獻〉，參網址：http://www.cccowe.org/content.php?id=4900&sub_function_change=cbox；瀏覽於 2008 年 10 月 19 日。筆者認為作者所提出「小貼士」夠全面，亦一般信徒能明白及實踐；另可參林本利：《理財有道》，頁 161～189；章長基：〈合神心意的理財之道〉；林漢星：〈向教牧進一言〉，刊於《教牧分享》，第 91 期（1995 年 1月），頁 5～6。
11. 參林本利：《理財有道》，頁 108～111。

12. 參林本利：《理財有道》，頁 95～97。
13. 參林本利：《理財有道》，頁 174～179。
14. 參林本利：《理財有道》，頁 34～37。
15. 參白查理（Richard Bergstrom）等著，任炎林譯：《如何理財》（台北：中國主日學協會，1995），頁 24～37。
16. 參白查理等：《如何理財》，頁 70～72。
17. 參白查理等：《如何理財》，頁 90～96；另參麥福士、司楚波：《為教會理財——做個好管家》，頁 26～33。
18. 麥福士、司楚波：《為教會理財——做個好管家》，頁 49。
19. 參麥福士、司楚波：《為教會理財——做個好管家》，頁 50～62；白查理等：《如何理財》，頁 158～165。
20. 白查理等：《如何理財》，頁 141。
21. 參網址：http://www.zfunland.com/ss/?uid-7-action-viewspace-itemid-24；瀏覽於 2008 年 9 月 30 日。

編者跋

趙崇明

當我們預備以金錢及經濟為主題出版這本文集時，一般人對香港經濟的前景仍然感到樂觀。但真的世事難料，想不到在九至十月期間正式撰寫文章之時，竟然會發生百年一遇的世紀金融海嘯，其威力更直捲全球，影響深遠。故此，這本文集內的文章，並非天馬行空憑空猜測構想之作，而是適時地身處真實境況中所做的信仰和神學反省。

自二〇〇八年十月開始，由香港以至全世界，天空都好像被一片陰霾籠罩，不少人彷彿落入一片愁雲慘霧之中，普遍對經濟前景缺乏信心，心裏充滿不安和憂慮。為何如此？為何經濟有如此大的威力能影響人心？為何金錢能對人的信心和盼望有如此巨大的殺傷力？

是否資本主義的文化邏輯已經不知不覺地主導和支配了現代人的價值觀和思維方式，以致我們對富裕和貧窮存有一種被資本主義文化邏輯所建構的文化偏見？最近翻閱許寶強博士的著作《富裕中的貧窮——香港文化經濟評論》，當中有些觀點非常值得我們反省。他提出傳媒在報導通縮時，往往會用上「近年最嚴重」來形容事件，卻鮮會寫上「近年最嚴重的經濟增長率」。為何高速的經濟增長必然是好事？為何反映消費意欲降低的通縮現象就是「嚴重」的問題？消費意欲降低為何是壞事？難道經濟增長帶來的通貨膨脹對普羅市民（尤其是基層人士）是福音嗎？為何個人及城市發展的成敗必然要繫於經濟發展之上？當我們要不斷地以擁有物質財富來建構自我的身分認同、滿足安全感和無窮的慾望之時，我們就會害怕因物質財富的失去而帶來的貧窮，於是我們害怕經濟衰退，害怕成為負資產一族。原來「重富輕貧」可能是活在資本主義社會內的現代人的普遍觀念，也許是資本主義的文化邏輯為我們塑造的文化偏見。如此說來，鼓吹不斷累積財富和滿足消費意欲的資本主義文化，可能才是製造貧窮的元兇。

由此看來，我們更能體會出埃及記十六章記載關於上帝對以色列人所作的安排的美意，對於在曠野漂流的以色列人來說，流動遷徙的旅程使他們不可能累積物質財富，上帝每天給他們在食物上限量的供應和守安息日的操練，正要杜絕他們對物質的無窮慾求，曠野漂流原來可能是一種正視貧窮的屬靈操練。事實上道成肉身、取了奴僕形象的基督，正是要成為弱者和貧窮人的基督。如此說來，基督信仰的神學邏輯，也許可被視為對資本主義文化邏輯所建構的文化偏見作出批判。相信當這本文集落在讀者手中的時候，金融海嘯的影響依然存在。但願無論境況如何，我們都一同學習倚靠上帝的帶領和供應。

最後，要多謝基道出版社的編輯梁冠霆博士及其他同工在出版此書上所給予的寶貴意見和幫忙。

二〇〇九年二月二日

寫於香港神學院

作者介紹

（按照文章次序排列）

鄧瑞強

香港神學院神學及歷史科專任講師

蘇遠泰

香港神學院神學及歷史科專任講師

邵樟平

香港神學院聖經科專任講師

張祥志

香港神學院聖經科專任講師

趙崇明

香港神學院神學及歷史科專任講師

張慧玲

香港神學院聖經科及實用神學科專任講師

司徒永富

鴻福堂集團執行董事、香港樹仁大學工商管理系系主任（行政）

李少秋

伯特利神學院神學系教授

張天和

香港神學院實用神學科專任講師

歡迎報讀香港神學院各類課程

1. 道學碩士課程 (Master of Divinity)
全時間三年課程，共修讀110學分。

2. 道學碩士 (教牧進修) 課程 (Master of Divinity (Pastoral Studies))
部分時間課程，最多在六年之內完成，共修讀70學分。

3. 基督教研究碩士課程 (Master of Christian Studies)
部分時間課程，修讀時間需要三至五年，共修讀51學分。

4. 神學學士課程 (Bachelor of Theology)
全時間四年課程，共修讀139學分。

5. 神學文憑課程 (Diploma in Theology)
全時間要修讀一年，部分時間要修讀二至五年，共修讀36學分。

6. 延伸證書課程
不限修讀年期，最少要修讀8科。

歡迎報讀「當代教會課題研討」課程

香港神學院一方面秉承著服事教會，為教會培訓信徒的宗旨，同時亦認為神學必須是一門可以回應教會和社會具體處境的學問。於是便從二○○四年九月開始，新開設一科名為「當代教會課題研討」的課程，此課程每年九月均會開辦，旨在幫助學員針對時下香港教會或社會所面對的重要議題作神學反省及回應，因此每次所討論的課題都會隨著教會及社會的需要而轉變。二○○四年上述課程所探討的課題是「香港的教會與政治」，二○○五年的課題是「苦難神學」，二○○六年的課題是「安息日神學的現代意義」，二○○七年的課題是「無情世界與有情神學」，二○○八年的課題則是「當信徒遇上瑪門」，至於二○○九年九月將會開辦的課程，會圍繞「憂慮與平安」這課題作深入的探討。歡迎各教會信徒報讀，欲索取此課程資料，請瀏覽本院網頁 www.bshk.edu.hk 或致電 2194 3005 向延伸部鄒小姐查詢。

緊扣時代　服事教會

以文字傳揚基督真道

讀者意見表

衷心多謝你購買本社書籍。本社一直致力以出版事工服事教會，幫助信徒扎根於神的話語，促進靈命增長。為使我們的出版更能滿足你的需要，請填寫下列各項資料，並寄回或傳真予本社。

所購書籍：＿＿＿＿＿＿＿＿＿＿＿＿＿＿＿＿

本書最吸引你的地方：

□作者　□適切性　□文筆　□設計　□實用性

□其他：＿＿＿＿＿＿＿＿＿＿＿＿＿＿＿＿

購買本書地點：

□基道書樓　□基督教書店　□非基督教書店

性別：□男　□女　職業：＿＿＿＿＿＿＿＿

信仰：□基督徒　□非基督徒

年齡：□ 16 歲或以下　□ 17～25 歲　□ 26～35 歲

□ 36～55 歲　□ 56 歲或以上

學歷：□中三或以下　□中五　□預科

□大學　□研究院

□我欲更多了解基道出版社的事工及考慮支持，請寄給我下列資料：

□機構簡介　□新書資料　□基道會員通訊

□《基道文字事工通訊》

姓名：＿＿＿＿＿＿＿＿＿＿＿＿電話：＿＿＿＿＿＿＿＿

地址：＿＿＿＿＿＿＿＿＿＿＿＿＿＿＿＿＿＿＿＿＿＿

＿＿＿＿＿＿＿＿＿＿＿＿＿＿＿＿＿＿＿＿＿＿

傳真：＿＿＿＿＿＿＿＿　電子郵件：＿＿＿＿＿＿＿＿

其他意見：＿＿＿＿＿＿＿＿＿＿＿＿＿＿＿＿＿＿＿

＿＿＿＿＿＿＿＿＿＿＿＿＿＿＿＿＿＿＿＿＿＿＿＿

多謝賜教！

意見表可以傳真（2687-0281）或直接郵寄以下地址：
香港沙田火炭坳背灣街26號富騰工業中心1011室
基道出版社編輯部收